Stephan Lehnstaedt | Der Warschauer Aufstand 1944

Kriege der Moderne

Herausgegeben vom Zentrum für Militärgeschichte und Sozialwissenschaften der Bundeswehr

Stephan Lehnstaedt

Der Warschauer Aufstand 1944

Reclam

Zentrum für Militärgeschichte und Sozialwissenschaften der Bundeswehr, Fachbereich Publikationen (0975-01)

2024 Philipp Reclam jun. Verlag GmbH,
Siemensstraße 32, 71254 Ditzingen
Umschlaggestaltung: Philipp Reclam jun. Verlag GmbH
Umschlagabbildung: Gruppe von Aufständischen vor dem PAST-Gebäude, 20. August 1944 © Muzeum Powstania Warszawskiego, Eugeniusz Lokajski »Brok«/MPW-IN/622
Druck und Bindung: Firmengruppe APPL, aprinta druck GmbH,
Senefelderstraße 3–11, 86650 Wemding
Printed in Germany 2024
RECLAM ist eine eingetragene Marke der
Philipp Reclam jun. GmbH & Co. KG, Stuttgart
ISBN 978-3-15-011483-4

Auch als E-Book erhältlich

www.reclam.de

FSC www.fsc.org
MIX
Papier | Fördert gute Waldnutzung
FSC® C004592

Alle CO_2-Emissionen, die beim Druckprozess unvermeidbar entstanden sind, haben wir durch ein Klimaschutzprojekt ausgeglichen.

Nähere Informationen finden Sie hier:

Druckerzeugnis
www.natureOffice.com/DE-239-2BHLL5P
klimaneutral
durch CO2-Ausgleich

Inhalt

↗ Soldaten des AK-Bataillons »Zośka« mit ihrem erbeuteten »Panther«-Panzer, Okopowa-/Ecke Żytnia-Straße, 2. August 1944

1 Die Befreiung des KZ Warschau durch die Aufständischen

Der 5. August 1944 war einer dieser heißen Sommertage, wie sie für Warschau so typisch sind. Furchtbar waren die zurückliegenden fünf Jahre mörderischer deutscher Herrschaft. Und die vergangenen fünf Tage erst recht: Seit über 100 Stunden kämpften Aufständische der polnischen Heimatarmee (*Armia Krajowa*, AK) nun schon gegen die Besatzer. Ständig war Maschinengewehrfeuer zu hören, Verletzte und Tote waren zu beklagen, aber gleichzeitig lag der süße Duft der Freiheit in der Luft. Warschau, die stolze polnische Hauptstadt, war wieder zum Leben erweckt worden!

Doch nach Feiern ist der Besatzung des erbeuteten »Panther«-Panzers, der an jenem Augusttag gegen 10 Uhr morgens in die Okopowa-Straße einbiegt, nicht zumute. Ihr Vorhaben ist riskant: ein Angriff auf das schwer bewachte ehemalige »Gęsiówka«-Gefängnis, wie die Stadtbevölkerung das Konzentrationslager Warschau immer noch nennt. Zwar hat die SS dieses Außenlager des KZ Majdanek wenige Tage zuvor geräumt, aber noch befinden sich dort Häftlinge. Deshalb sind auch die

Befreite Häftlinge des KZ Warschau mit Soldaten des Bataillons »Zośka«, 5. August 1944

Bewacher nicht alle abgezogen, doch die Mauern des Geländes bieten ihnen Deckung.

Ein frontaler Sturmangriff käme einem Selbstmordkommando gleich, denn die Aufständischen sind der Bewaffnung und vor allem den Munitionsbeständen der Besatzer nicht annähernd gewachsen. Und in dem vor drei Tagen erbeuteten »Panther« müssen Kommandant Wacław Micuta und seine Männer darum beten, dass die SS auf den Lagertürmen keine Panzerabwehrwaffen hat. Es ist nicht nur die Hitze, die ihnen den Schweiß auf die Stirn treibt.

Aber für das aus ehemaligen Pfadfindern bestehende AK-Bataillon »Zośka« ist die Befreiung der Lagerinsassen auch eine Verpflichtung: Für die Freiheit haben sie sich erhoben, und wer, wenn nicht eine Einheit aus der Elitetruppe »Radosław«, soll sie den eingesperrten Jüdinnen und Juden erkämpfen? Micuta befiehlt also die Abfahrt aus der St.-Kinga-Schule, gelegen am riesigen Warschauer Powązki-Friedhof und bis vor wenigen Tagen eine SS-Kaserne – die haben die Deutschen bereits aufgeben müssen. Von dort sind es nur wenige hundert Meter bis zum Lager, aber zwei Barrikaden trennen die Aufständischen von ihren Gegnern, denen das Niemandsland ein freies Schussfeld bietet.

Die beiden Hindernisse sind schnell genommen, der Panzer befindet sich inzwischen innerhalb des ehemaligen Ghettos, aber nun eröffnen die Deutschen das Feuer. Plötzlich ein Knall – eine Mine –, doch die Besatzung ist unverletzt. Ihre Kanone gibt ihren ersten Schuss ab, einer der Bunker vor dem Lagertor versinkt in einer Wolke aus Schutt und Asche. Inzwischen ist der »Panther« auf fünfzig Meter an die Lagermauer herangekommen. Ein kurzer Halt – »Splittergranate!«, befiehlt Micuta –, ein Schuss, und nun ist auch der zweite Bunker zerstört. Der Panzer rollt weiter auf das mächtige Eisentor zu, das wie Papier nachgibt, als das schwere Fahrzeug dagegenprallt. Weiter hinein. Im Innenhof ist keine Zeit für eine Siegesfeier, noch sind mehrere Wachtürme besetzt.

Pausenlos dreht sich der Turm des »Panther«. Die Besatzung hat die Hebel des Elektromotors und die Griffe von Ring und Trommel unter Kontrolle. Aus der Ladekammer des Geschützes steigt dicker Qualm auf, der Ventilator im Inneren hilft kaum, die Luft ist beißend, die Augen brennen. Nur nicht nachlassen jetzt – eine kurze Fahrt, eine schnelle Drehung, und schießen! Schon dringen die Sturmabteilungen von »Zośka« auf das Lagergelände vor. Ein kurzes Feuergefecht, dann reißen sie die Arme zum Jubel empor: Aus den Baracken laufen ihnen die Häftlinge entgegen. Der allgemeine Trubel erlaubt auch einigen deutschen Bewachern die Flucht, aber die Freude überwiegt.

Blick auf die Reste des KZ Warschau in der zerstörten Stadt, Frühjahr 1945

Vor dem Panzer steht nun ein alter Häftling, er hebt die Hände, die Tränen laufen ihm übers Gesicht, er dankt. Auf das Fahrzeug klettert ein etwa 15-jähriger Junge. Micuta öffnet die Luke, wird auf Tschechisch angesprochen – und bekommt ein Geschenk überreicht: eine kleine Porzellanfigur, die einen sich anschleichenden »Panther« darstellt. Was für ein Maskottchen.

348 jüdische Häftlinge, darunter 24 Frauen, aus Polen, Ungarn, Griechenland, Frankreich, Holland, Tschechien und aus Litauen befreite die Heimatarmee an jenem Warschauer Sommertag. Es war das einzige KZ östlich der Elbe, das die Rote Armee nicht eroberte. Viele der ehemaligen Insassen schlossen sich nun der Heimatarmee an. Wacław Micuta war einer ihrer Offiziere und wurde noch während des Aufstands zum Hauptmann befördert. Er überlebte den Krieg – seinen »Panther« hingegen musste er wegen schwerer Schäden bereits am 11. August aufgeben.

Letztlich scheiterte der Warschauer Aufstand. Die zunächst überraschten Deutschen erlangten nach zwei Monaten die Kontrolle über die Stadt zurück. Währenddessen verharrten Stalins Soldaten – denen die Aufständischen einerseits zuvorkommen wollten, ohne deren Hilfe sie ihre anfänglichen Erfolge andererseits nicht in einen dauerhaften Sieg ummünzen konnten – am östlichen Weichselufer. Und wo die Besatzer bis 1943 die Jüdinnen und Juden im Holocaust vernichtet und die polnische Bevölkerung Ausplünderung, Zwangsarbeit und Terror ausgesetzt hatten, machten sie nun weiter: mit Massenexekutionen und Deportationen der Warschauer Bevölkerung, gefolgt von der systematischen Zerstörung der Stadt: Mindestens 150 000 zivile Tote und weitere Hunderttausende Deportierte waren zu beklagen.

Gerade deshalb gilt der Aufstand von 1944 heute als das wichtigste Symbol polnischen Heldenmuts und Freiheitsdrangs im Zweiten Weltkrieg – als ein Fanal, aber auch als nationale Katastrophe und Sinnbild des Zerriebenwerdens zwischen Deutschen und Sowjets bzw. Russen.

↗ **Das Linienschiff »Schleswig-Holstein« beschießt am 1. September 1939 die polnische Festung Westerplatte in Danzig.**

2 Polen unter deutscher Besatzung

Das nationalsozialistische Deutschland hatte Polen am 1. September 1939 ohne Kriegserklärung überfallen. Die ersten Bomben fielen gegen 4:40 Uhr morgens auf die unverteidigte Kleinstadt Wieluń, um 4:45 Uhr eröffnete das Schulschiff »Schleswig-Holstein« das Feuer auf die polnische Festung Westerplatte im Hafen der Freien Stadt Danzig. Die angreifende Wehrmacht war den Verteidigern deutlich überlegen und erzielte rasche Erfolge. Und als die mit dem Deutschen Reich verbündete Sowjetunion am 17. September Polen im Osten attackierte, war dessen Niederlage besiegelt: Adolf Hitler und Josef Stalin hatten die Aufteilung des gemeinsamen Nachbarn in ihrem Pakt vom 23. August 1939 beschlossen und gingen nach dem 6. Oktober, als die letzten polnischen Einheiten in der Schlacht von Kock kapitulierten, an die Aufteilung des Landes.

Im Westen kamen die neu gebildeten Reichsgaue Wartheland und Danzig-Westpreußen zum Reichsgebiet, im Südosten das Gebiet um Kattowitz und im Norden die Region Ciechanów. Zentralpolen wurde mit Rückgriff auf eine gleichlautende Bezeichnung im Ersten Weltkrieg zum Generalgouvernement gemacht, dessen Hauptstadt aber ganz be-

Territoriale Veränderungen in Ost-Mitteleuropa bis 1941

① Memelland (Litauen) 1939 vom Deutschen Reich annektiert
② Freie Stadt Danzig 1939 vom Deutschen Reich annektiert
③ Suwalki-Region (Polen) 1939 vom Deutschen Reich annektiert
④ Sudetenland (Tschechoslowakei) 1938 gem. Münchner Abkommen zum Deutschen Reich
⑤ Arwa-Gebiet 1939 von der Slowakei annektiert
⑥ Zips-Gebiet 1939 von der Slowakei annektiert
⑦ Ostgalizien (ab 1939 sowjetisch) 1941 deutsch besetzt und dem Generalgouvernement als Distrikt Galizien eingegliedert
⑧ Bukowina, Bessarabien und Herza-Gebiet (Rumänien) 1940 von der Sowjetunion annektiert
⑨ Ostmark (Österreich) 1938 Anschluss an das Deutsche Reich
⑩ Südliche Slowakei 1938 gem. Wiener Schiedsspruch an Ungarn
⑪ Karpatho-Ukraine (Slowakei) 1939 von Ungarn besetzt
⑫ Nordsiebenbürgen (Rumänien) 1940 gem. 2. Wiener Schiedsspruch an Ungarn

Staatsgrenze bis 1937
Staatsgrenze 1941
Regionalgrenze
Polnische Staatsgrenze bis 1939
Deutsch-sowjetische Demarkationslinie 1939 (Hitler-Stalin-Pakt)
Grenze Reichskommissariate

Deutsches Reich bis 1937
Deutsches Reich 1939
Deutsches Protektorat Böhmen und Mähren 1939
Generalgouvernement 1939
Gebietszuwachs 1941
Sowjetunion, ab 1941 deutsch besetzt

wusst nicht Warschau, sondern Krakau wurde – es galt, die polnische Nation möglichst komplett zu zerstören. Deshalb zogen im September 1939 im Gefolge der Wehrmacht auch die Einsatzgruppen der Sicherheitspolizei und des SD in die besetzten Territorien ein. Ihr Auftrag war das Ausschalten der polnischen Elite, die genauso gezielte wie pauschale Ermordung von Politikern, Priestern und Wissenschaftlern, die allesamt als politische Gegner galten.

Ähnlich gingen im Osten des Landes die sowjetischen Besatzer vor, die bis Mitte 1941 mehr Polinnen und Polen als die Deutschen ermordeten – rund 150 000. Und das, obwohl Himmlers Einsatzgruppen in den ersten Monaten des Zweiten Weltkriegs mindestens 60 000 Menschen erschossen. In mancherlei Hinsicht war das aber bereits der Auftakt zum Vernichtungskrieg, zumal es nur selten zu Protesten wie jenen von Generaloberst Johannes Blaskowitz oder General der Artillerie Wilhelm Ulex kam. In jedem Fall waren bereits im ersten Kriegsjahr die 1948 von den Vereinten Nationen definierten Kriterien eines Genozids erfüllt – wohlgemerkt an ethnischen Polinnen und Polen, nicht an der jüdischen Minderheit des Landes. Die Wehrmacht beging ebenfalls zahlreiche Massaker an der Zivilbevölkerung. Vielfach misshandelten die Soldaten aber auch Jüdinnen und Juden. Noch allerdings war das keine gezielte Vernichtung, sondern vor allem Ausdruck eines allgemeinen Antisemitismus.

Die ersten Weichen hin zur systematischen Verfolgung und Entrechtung der jüdischen Bevölkerung wurden aber sehr bald gestellt: eine allgemeine Arbeitspflicht, die de facto auf Zwangsdienste für die Besatzer hinauslief; die Beschlagnahmung von Vermögen und die Enteignung von Geschäften; eine gezielte Hungerpolitik und nicht zuletzt die Schaffung von Ghettos, in die die Jüdinnen und Juden eingesperrt wurden – 677 dieser euphemistisch »jüdische Wohnbezirke« genannten Gefängnisse errichteten die Besatzer auf polnischem Boden, das größte im Zentrum Warschaus. Gerade weil sich die deutschen Akteure grundsätzlich in ihrem Antisemitismus einig waren, entwickelte sich eine Art grausiger Konkurrenzkampf um die härtesten Maßnahmen, die sich gegen die jüdische Bevölkerung finden ließen.

Die direkte Gewalt stieg mit dem deutschen Angriff auf die Sowjetunion im Juni 1941 sprunghaft an. In die neubesetzten ostpolnischen Gebiete entsandte das SS-Reichssicherheitshauptamt erneut Einsatz-

Bettelnde Kinder im Warschauer Ghetto in einer deutschen Propagandaaufnahme, 1941

gruppen, deren Ziel nun aber nicht mehr nur die Ausschaltung der sowjetischen Führungsschicht war, sondern vor allem die Ermordung der jüdischen Bevölkerung. Das war der Beginn des Holocaust im Kugelhagel der Exekutionskommandos. Die Deutschen setzten dabei auf die Unterstützung nichtjüdischer Bevölkerungsgruppen in den besetzten Ländern und rekrutierten später außerdem mit mehr oder weniger Zwang zahllose Freiwillige in SS-Einheiten. Die Partizipationsangebote erstreckten sich nicht zuletzt auf die sogenannten Volksdeutschen, also die Angehörigen der deutschen Minderheiten.

Zu einer offiziellen Kollaboration mit nichtjüdischen Polinnen und Polen kam es dabei nicht, denn diese war in der NS-Ideologie nicht vorgesehen. Dennoch beteiligten sich einige von ihnen immer wieder an der Ermordung ihrer jüdischen Nachbarinnen und Nachbarn – etwa in der Pogromwelle, die durch die im Sommer 1941 eroberten westlichen Gebiete der Sowjetunion rollte. Im Generalgouvernement existierte außerdem eine polnische Polizei, die neben allerlei regulären Aufgaben immer wieder bei den Deportationen aus den Ghettos in die Vernich-

Das Vernichtungslager Sobibor, 1942 – die deutsche Privataufnahme zeigt bewusst keine Opfer.

tungslager helfen musste. Wesentlich entscheidender war allerdings der reibungslos funktionierende deutsche Besatzungsapparat, in dem Zivilverwaltung, Eisenbahn, Polizei und Wehrmacht fast immer konfliktfrei zusammenarbeiteten, um dem gemeinsamen Ziel »Judenmord« näherzukommen. Nur auf diese Weise war der Holocaust als arbeitsteilige Kollektivtat möglich.

Die deutschen Vernichtungslager Auschwitz, Kulmhof, Belzec, Sobibor, Majdanek und Treblinka lagen allesamt auf polnischem Territorium. In Kulmhof (Chełmno) wurden fast 160 000 Jüdinnen und Juden aus dem Warthegau getötet. Im Generalgouvernement befanden sich mit Belzec, Sobibor und Treblinka Lager, in denen im Rahmen der »Aktion Reinhardt« zwischen Juli 1942 und Oktober 1943 etwa 1,8 Mio. Jüdinnen und Juden ermordet wurden. Die jüdischen Opfer der Lager stammten fast ausschließlich aus Zentralpolen sowie dem Bezirk Białystok. Nach Sobibor wurden aber auch Menschen aus den Niederlanden, der Slowakei oder Frankreich deportiert. Die Zahl der Toten liegt für dieses Lager bei etwa 180 000, für Belzec bei etwa einer halben

Frühes deutsches Werbeplakat zur Anwerbung polnischer Arbeiter, 1940/41 – die Propagandaidylle verfing nicht, stattdessen war brutaler Zwang notwendig.

Million und für Treblinka bei annähernd 900 000. Neueste Forschungsergebnisse lassen den Schluss zu, dass die Zahl der jüdischen Opfer dort sogar höher war als in Auschwitz.

Viel geringer war die Zahl der Überlebenden, die für die drei Lager der »Aktion Reinhardt« zusammengenommen lediglich etwa 300 beträgt, weil es dort ausschließlich um Vernichtung ging. Auschwitz hingegen war im Frühjahr 1940 zunächst als Konzentrationslager entstanden. Annähernd 200 000 Menschen wurden im sogenannten Stammlager getötet, darunter über 140 000 ethnische Polen. Der Holocaust fand im Nebenlager Auschwitz-Birkenau (»Auschwitz II«) statt. Knapp 900 000 jüdische Tote waren dort zu beklagen, ein Drittel von ihnen aus Polen. Die meisten, die in Birkenau starben, hatte man mit dem Zug aus ganz Europa an diesen Ort deportiert, etwa die Hälfte von ihnen

stammte aus Ungarn. Allerdings gab es tatsächlich Zehntausende, die Auschwitz durchliefen, von dort in andere Lager verlegt wurden und schließlich die Befreiung erlebten.

Die Chronologie des Holocaust entfaltete sich über die Einsatzgruppen, Kulmhof und »Aktion Reinhardt« bis hin zu Auschwitz, wo die meisten Opfer erst 1944 starben. Zu diesem Zeitpunkt galt das Generalgouvernement bereits als »judenfrei«: Die letzten Ghettos waren im Frühsommer 1943 aufgelöst worden, und bei der »Aktion Erntefest« Anfang November 1943 ermordeten die Deutschen auch die letzten überlebenden Lagerinsassinnen und -insassen. In der polnischen Hauptstadt entstand nun das KZ Warschau, um das in Schutt und Asche gelegte Ghettogelände zu enttrümmern und die verbliebenen Rohstoffe zu sichern. Dessen Häftlinge ließ die SS aus Auschwitz kommen. Außerhalb des Lagers konnten Jüdinnen und Juden nur noch im Versteck überleben – jede Entdeckung zog nun die sofortige Ermordung nach sich.

Brutal verfolgt wurden auch die nichtjüdischen Polinnen und Polen: Etwa 1,9 Millionen von ihnen wurden während des Krieges zur Zwangsarbeit ins Reich verschleppt, allein aus dem Generalgouvernement deportierten die Besatzer fast sieben Prozent der Bevölkerung – eine Zahl, deren Dimension noch dadurch an Gewicht gewinnt, dass Kinder und Alte von vornherein ausschieden. Schätzungsweise 137 000 Polinnen und Polen kamen während der Zwangsarbeit ums Leben, u. a. weil sie deutsche Luftschutzbunker nicht betreten durften und Arbeitsschutzmaßnahmen für sie nicht galten.

In ihrer Heimat wiederum war die Lebensmittelversorgung an ein Beschäftigungsverhältnis gekoppelt, sodass lediglich eine Tätigkeit im deutschen Interesse die Versorgung mit Essen in halbwegs auskömmlichem Maße sicherte. Aber selbst von den Bankangestellten, die nur leichte körperliche Arbeiten verrichteten, blieben regelmäßig mindestens zehn Prozent daheim und meldeten sich krank, weil sie es vor lauter Schwäche nicht ins Büro schafften. In den Städten war Hunger an der

Deutscher Alltag in Warschau: Besuch im Ghetto mit dem Dienstwagen, 1942

Tagesordnung: Die offiziellen Rationen deckten 1944 im Generalgouvernement lediglich die Hälfte des Kalorienbedarfs, der bei überwiegend sitzender Tätigkeit benötigt wird. In den anderen Jahren lagen sie noch darunter, 1941 und 1943 etwa bei rund 850 Kalorien pro Tag – und die wenigsten Menschen arbeiteten in Büros.

Der Schwarzmarkt konnte nur Wenigen Linderung verschaffen. Für die meisten Einwohner Warschaus blieb er unerschwinglich teuer und zwang sie indirekt zum Verschleudern zahlloser Habseligkeiten. Die Lebensmittelpreise stiegen bei starken regionalen Schwankungen gegenüber den amtlichen Zuteilungen in phantastische Höhen. Selbst Brot oder Kartoffeln kosteten zehn bis fünfzehn Mal so viel wie vor dem Krieg, Zucker erreichte teilweise eine Teuerung von über 4000 Prozent.

Die Landbevölkerung war ebenfalls einer repressiven Ausbeutung ausgeliefert. Erfüllte ein Landwirt die absurd hohen Ernteablieferungsquoten nicht, drohte ihm im Generalgouvernement seit Sommer 1942 sogar die Todesstrafe. Auch aufgrund dieser Ausplünderung gelang es, der deutschen Bevölkerung im Reich bis zum Winter 1944/45 nie weniger als 2000 Kalorien täglich pro Person zur Verfügung zu stellen: Allein das Generalgouvernement lieferte 51 Prozent der Roggenimporte des Reichs, 66 Prozent der Haferimporte und 52 Prozent der Kartoffelimporte.

Wo immer sich die erwarteten Resultate nicht erzielen ließen, reagierte die deutsche Besatzungsmacht mit Gewalt. Misshandlungen, Terror und Mord entwickelten sich zu konstitutiven Elementen der Okkupationsherrschaft. Dieser Alltag führte zu neuen Wahrnehmungs- und Handlungsmustern auf beiden Seiten, aber auch zu einer Identität der Besatzer als »Herrenmenschen« im Osten. Die eigene Stellung wurde schnell als erstrebenswert angesehen, denn gerade Warschau erwies sich in den ersten Kriegsjahren als vergleichsweise angenehmer Ort.

Zeitweise waren bis zu 70 000 Besatzerinnen und Besatzer in der polnischen Hauptstadt präsent, etwa die Hälfte von ihnen waren Wehrmachtsangehörige. Deren Leben bestimmten einerseits die Kasernen, der Wachdienst sowie die vielen Aufgaben, die für die Versorgung der Front erledigt wurden, etwa Reparaturen, Nachschublieferungen, Lazarettbetrieb. Andererseits konnten sie sich auf exklusive Freizeitangebote freuen – von Kultur über leichte Unterhaltung bis hin zu Sport und sogar Bordellen.

All das gab es grundsätzlich auch für deutsche Zivilbeschäftigte, etwa in der SS, der Verwaltung, Reichsbahn, Post und der Organisation Todt, die für Baumaßnahmen in den besetzten Gebieten zuständig war. Unter ihnen waren mindestens zehn Prozent Frauen, die teils als Beschäftigte, teils als Ehefrauen in Warschau lebten. Letztere gehörten zu den Besatzern, die nicht uniformiert waren: Geschäftsleute und Angestellte, aber auch die sogenannten Volksdeutschen, die Teil der deutschen Minderheit in Polen waren.

Sie alle profitierten von der Unterdrückung der Einheimischen in materieller Hinsicht. Und sie trugen dazu bei, die deutsche Herrschaft und damit unmittelbar auch den eigenen Status aufrechtzuerhalten. Und weil zugleich ein Rassen- und Volkstumskampf um »Lebensraum« ausgefochten wurde, an dessen Ende sich das germanische Reich bis zum Ural erstrecken sollte, waren Zugeständnisse an die unterlegenen Völker im Osten nur sehr begrenzt vorgesehen: In den Planungen wurde allenfalls noch eine kleinere Anzahl dieser Menschen als Sklaven für die neuen Herren benötigt; alle anderen waren zu vertreiben oder zu ermorden. Die nationalsozialistische Ideologie rechnete deshalb mit einer anhaltenden Gegenwehr der Unterlegenen, der »Schwächeren«.

Tatsächlich erlebten die Besatzerinnen und Besatzer ihren Alltag – ihr privilegiertes Leben – als ganz konkret von den Einheimischen bedroht. Indem sie mit exzessiver Brutalität um sich schlugen, schützten sie also in ihrer eigenen Perspektive die erzielten Eroberungen durch Abschreckung und Rache: Unterschiedslos traf die pauschale Gewalt Familien und Siedlungen in Form von Sippenhaft. Allein im Generalgouvernement zerstörten die Deutschen 769 Weiler und Dörfer im Rahmen des sogenannten Bandenkampfes, weil sie in der Umgebung widerständische Akte beobachtet hatten oder auch nur vermuteten. Die Zahl der Opfer dieses Vorgehens wird auf mindestens 35 000 geschätzt. Hunderttausende wurden deportiert oder in die zahlreichen Zwangsarbeits- und Konzentrationslager eingewiesen, die bald das Land überzogen: Stutthof bei Danzig, Plaszow in der Nähe von Krakau und vor allem Lublin-Majdanek mit alleine über 75 000 Toten sind in diesem Zusammenhang zu nennen.

Die Folge der deutschen Besatzungspolitik war ein kompletter gesellschaftlicher Umbau Polens. Die wirtschaftlichen Schäden ebenso wie die Bevölkerungsverluste führten zu neuen gesellschaftlichen Hierarchien, die die kommunistische Machtübernahme nach der Befreiung von der NS-Herrschaft 1945 wesentlich erleichterten. Das Land lag in jeder Hinsicht am Boden.

Die Gesamtzahl der im Zweiten Weltkrieg getöteten ethnischen Polinnen und Polen lässt sich nur mit großen Unsicherheiten auf etwa 1,55 Millionen beziffern. Dazu kommen die Toten der vielen anderen Bevölkerungsgruppen des Landes – etwa der belarussischen, ukrainischen und litauischen –, deren Zahl annähernd eine Million beträgt, darunter nicht zuletzt 50 000 Romnja und Roma sowie 60 000 Angehörige der deutschen Minderheit. Das freilich sind Maximalzahlen, und die Spannweite seriöser Schätzungen liegt für die ethnisch-polnischen Opfer der deutschen Gewalt zwischen 500 000 und 1,4 Millionen. Hinzu kommen außerdem die deutlich über 150 000 Menschen, die die andere Besatzungsmacht, die Sowjetunion, vor 1941 ermordete. Genauer zu bestimmen sind die jüdischen Opfer der Republik Polen: Im Holocaust wurden dort annähernd drei Millionen Menschen ermordet, keine zehn Prozent der jüdischen Vorkriegsbevölkerung überlebten.

↗ Die ersten polnischen Widerstandskämpfer: Henryk Dobrzański und seine Männer, Winter 1940

3 Der polnische Widerstand gegen die Besatzung

1939 hatte es keine Gesamtkapitulation der polnischen Streitkräfte gegeben. Versprengte Gruppen setzten vereinzelt die Kämpfe gegen beide Seiten fort. Am bekanntesten wurden die Männer um Major Henryk Dobrzański (genannt »Hubal«), der sich mit Teilen des 110. Reserve-Ulanenregiments nach dem Angriff der Roten Armee von Grodno aus in Richtung Warschau durchschlug. Vor der Hauptstadt mussten sie feststellen, dass diese bereits von der Wehrmacht erobert worden war. Dobrzański zog sich in die Region Heiligkreuz um Kielce zurück und wollte dort auf einen französischen Sieg gegen Deutschland warten.

Nach dem Winter entschloss er sich, aktiv gegen die deutsche Besatzungsmacht vorzugehen. Seine rund 50 Mann überfielen mehrmals erfolgreich Wehrmachtspatrouillen, bis die Deutschen im März 1940 Gegenmaßnahmen ergriffen. Die brutale »Pazifizierung« kostete weit über tausend Zivilisten das Leben, bis »Hubal« am 30. April 1940 gefunden und erschossen wurde. Dieser Beginn des polnischen Widerstands gegen die deutsche Besatzung traf in der Bevölkerung keineswegs nur auf Zustimmung: Tatsächlich war der sich langsam formierende Unter-

Exilpremier Władysław Sikorski (1881–1943)

grund entschieden der Meinung, dass Repressalien unbedingt vermieden werden sollten. Deshalb hatte auch die polnische Exilregierung »Hubal« befohlen, nicht zu kämpfen – was dieser jedoch ignorierte.

Diese Regierung hatte 1939 die Kapitulation verweigert. Präsident Ignacy Mościcki flüchtete Ende September 1939 nach Rumänien und ernannte unmittelbar vor seinem Rücktritt Władysław Raczkiewicz zu seinem Nachfolger. Als tatsächlicher Machthaber erwies sich allerdings schnell der von diesem als Premierminister und bald auch als Oberkommandierender der Exilstreitkräfte installierte General Władysław Sikorski. Dieser hatte bereits eine lange Karriere hinter sich, war Kriegsminister und sogar Premierminister gewesen, Generalstabschef und Inspekteur der Infanterie, und hatte zuletzt der politischen Opposition angehört. Deshalb erhielt er im September 1939 auch kein Kommando, weshalb er nach Frankreich ging, um dort Exilstreitkräfte aufzubauen.

Mit Sikorski an der Spitze nahm die neue Regierung ihren Sitz zunächst in Frankreich und nach der deutschen Besetzung des Landes ab Mitte 1940 in London. Neben den Beziehungen zu ihren Alliierten war sie vor allem darum bemüht, den Kontakt zur besetzten Heimat zu halten und dort eine Untergrundorganisation aufzubauen. Sikorski unter-

Die polnische Exilregierung in London

Die Exilregierung verstand sich als gesamtpolnische Repräsentanz, weshalb alle politischen Parteien im Kabinett vertreten waren. Sie kümmerten sich beispielsweise um Sozialfürsorge, politische Organisationen oder Schulen – vielfach beschränkt auf das Exil selbst, weil die Handlungsmöglichkeiten in der besetzten Heimat gering waren. Zwar gab es dort mit dem »Delegierten der Regierung im Lande« eine Repräsentanz, aber auch dessen Spielräume waren naturgemäß beschränkt. Erschwerend kamen die langen Kommunikationswege hinzu, denn ausführlichere Anordnungen oder Berichte mussten per Kurier überbracht werden – mit zeitraubenden und gefährlichen Grenzübertritten in neutrale Länder. Außerdem war das Budget der Regierung bescheiden; es belief sich 1942 auf lediglich 400 000 Pfund Sterling (heute etwa 23 Millionen Euro).

Außenpolitik blieb ein zentrales Betätigungsfeld der Regierung. Aber mit dem Kriegseintritt der Sowjetunion auf Seiten der Alliierten – und besonders seit dem Sieg der Roten Armee in Stalingrad Anfang 1943 – schwanden die Einflussmöglichkeiten: Polen hatte als Partner im Osten schlicht weniger zu bieten, weshalb Briten und Amerikaner zu Lasten der Exilregierung vielfache Zugeständnisse an Stalin machten. Das betraf insbesondere die Frage der polnischen Ostgrenze, da Moskau nicht bereit war, auf die 1939 gemachten Eroberungen zu verzichten. Die sowjetischen Diplomaten argumentierten mit dem für sie ungünstigen Verlauf des Polnisch-Sowjetischen Kriegs 1919–1921, in dem die Briten mit der sogenannten Curzon-Linie einen Kompromissvorschlag gemacht hatten, der annähernd der Grenze im späteren Hitler-Stalin-Pakt entsprach. Die Exilregierung bestand hingegen auf der Wiederherstellung des ursprünglichen Grenzverlaufs.

Ministerpräsident Sikorski starb am 4. Juli 1943 bei einem Flugzeugabsturz. Sein Nachfolger Stanisław Mikołajczyk war kaum noch in der Lage, politisches Gewicht zu entwickeln, zumal Stalin die offiziellen Beziehungen zur Exilregierung bereits im April 1943 abgebrochen hatte, um eine eigene kommunistische Gegenregierung zu etablieren. Die Sowjetunion schuf mit dem Überschreiten der ehemaligen polnischen Ostgrenze ihre eigenen Fakten. Spätestens mit der Anerkennung der neuen kommunistischen Machthaber in Warschau durch die Westalliierten im Juli 1945 war offensichtlich, dass die Londoner Exilregierung bedeutungslos geworden war. Dennoch existierte sie bis zu ihrer Selbstauflösung 1990 weiter: Mit Lech Wałęsa wurde damals wieder ein demokratisch legitimierter Präsident in Polen gewählt.

stellte sich deshalb den noch im September 1939 im belagerten Warschau gegründeten Dienst für den Sieg Polens (*Służba Zwycięstwu Polski*), einen Zusammenschluss von Offizieren für die konspirative Weiterführung des Kampfes.

Bereits im November 1939 wurde dieser Dienst aufgelöst und in den neuen Verband für bewaffneten Kampf (*Związek Walki Zbrojnej*, ZWZ) integriert, mit dem die Exilregierung ihren umfassenden Führungsanspruch durchsetzen wollte. Davon war sie jedoch weit entfernt: Beinahe alle politischen Parteien gründeten ihre eigenen Untergrundorganisationen, wobei sich oft gesamtpolnische Organisationen wie die Pfadfinder als Keimzelle erwiesen. Sie agierten zunächst auf eigene Rechnung, wobei insbesondere Sozialisten und Kommunisten auf reiche konspirative Erfahrungen aus der Unterdrückung in Polen vor 1939 zurückgreifen konnten und zunächst im Vorteil waren. Es ging darum, Strukturen aufzubauen und erste Aktivitäten zu entfalten – etwa Angebote höherer Bildung, die die Besatzer verboten hatten, das Sammeln und Verbreiten von Informationen oder auch das Beschaffen von Waffen sowie nicht zuletzt die paramilitärische Ausbildung von Freiwilligen.

Die deutsche Besatzungsmacht war nicht besonders erfolgreich darin, den Untergrund zu bekämpfen – wohl auch, weil sie sich nicht ernstlich davon bedroht fühlte. Zwar ging sie gegen diejenigen Aktivistinnen und Aktivisten, derer sie habhaft werden konnte, brutal vor, aber im Vergleich mit den sowjetischen Besatzern entwickelte sie wenig Durchschlagskraft: Unter deren Herrschaft nämlich gab es bis 1941 substanzielle Kollaborationsangebote, die sehr wohl wahrgenommen wurden – nicht zuletzt von den polnischen Kommunisten. Die nationalsozialistische Ideologie sah dergleichen nicht vor.

Polinnen und Polen versprach die konspirative Tätigkeit einen Statusgewinn; sie ging zudem mit Hilfe durch die eigenen Untergrundnetzwerke einher. Aber an einen bewaffneten Kampf war noch lange nicht zu denken, und selbst von einzelnen Anschlägen sah man ab – gerade die Exilregierung fürchtete deutsche Repressalien, wie es sie etwa im Falle »Hubal« oder im Massaker von Wawer gegeben hatte. In diesem Warschauer Stadtteil hatten zwei Polen in einer Gaststätte im Dezember 1939 zwei deutsche Unteroffiziere des Baubataillons 538 erschossen; die Ordnungspolizei erhängte den Wirt des Lokals und exekutierte 114 willkürlich ausgewählte Männer aus der Umgebung.

Die Deutschen bestärkte das wie viele weitere Beispiele in ihrer eigenen Wahrnehmung, selbst Opfer zu sein: Vorgeblich hinterhältige Polen, die bereits in der Zwischenkriegszeit die deutsche Minderheit misshandelt hätten, schienen nun heimtückisch gegen die legitimen Herrscher zu kämpfen; dabei sei doch mit der vollständigen Okkupation auch eine völkerrechtliche »Debellatio« eingetreten: Polen sei vollkommen kriegerisch niedergeworfen worden, weshalb dessen Staatlichkeit erloschen und damit auch keine Gegenwehr mehr legitim sei. Freilich war die Berufung auf das Völkerrecht nach einem völkerrechtswidrigen Angriffskrieg – und der jeglicher Rechtsstaatlichkeit Hohn sprechenden Gewaltherrschaft – eine mindestens fragwürdige Argumentation. Aus ihrer Sicht legitimierten die Täter damit ihre Massenmorde, verharmlosten sie als Polizeiaktionen – und vergaben so erneut die Möglichkeit, auch nur minimale Sympathien unter der Bevölkerung zu gewinnen. Mord war häufig ihre einzige Reaktion auf jegliches polnisches Verhalten.

Und je mehr die Deutschen das Land ausbeuteten und mit Terror überzogen, desto stärkeren Zulauf hatten die Widerstandsorganisationen. Die Volkspartei (*Stronnictwo Ludowe*), die hauptsächlich eine Interessenvertretung der Landbevölkerung war, verfügte in den Bauernbataillonen (*Bataliony Chłopskie*) über rund 160 000 Gefolgsleute. Die kommunistische Volksgarde (*Gwardia Ludowa*, später auch *Armia Ludowa* – Volksarmee), die erst im Januar 1942 entstand, hatte 10 000 Mitglieder und war als einzige Gruppe prosowjetisch eingestellt – sie ist nicht zu verwechseln mit der *Gwardia Ludowa*-WRN der Sozialdemokraten, die 42 000 Mitglieder zählte. Die Rivalitäten untereinander waren groß und wurden teilweise gewaltsam ausgetragen. Das galt besonders für die radikalen Flügel der auch intern wenig homogenen Organisationen. Dort kam es vereinzelt sogar zur Zusammenarbeit mit den Deutschen oder den Sowjets, um innerpolnische Gegner effektiver bekämpfen zu können. Die Nationalen Streitkräfte (*Narodowe Siły Zbrojne*, NSZ) etwa, eine ultranationalistische und antidemokratische Vereinigung mit bis zu 75 000 Mitgliedern, zeichneten sich durch ihren Antisemitismus aus, der den Deutschen in die Hände spielte: Während und nach dem Krieg ermordeten ihre Gruppen immer wieder Jüdinnen und Juden sowie deren Helferinnen und Helfer, denunzierten oder lieferten sie an die Besatzer aus.

Erst nach und nach kam es zu Zusammenschlüssen. Im Februar 1942 wurde aus dem Verband für bewaffneten Kampf die Heimatarmee *Armia Krajowa*, in die sich die meisten der anderen Organisationen – oder zumindest deren gemäßigte Teile – einbrachten. Als offizielle Repräsentanz der Exilregierung vereinigte sie 1944 etwa 350 000 Mitglieder, von denen jedoch längst nicht alle bewaffnet waren. Auf dieser Basis entwickelte der Untergrund tatsächlich eine eigene Staatlichkeit, beispielsweise ein Justizwesen, das immer wieder Einzelne sanktionierte, die beispielsweise als Denunzianten für die Deutschen arbeiteten.

Darüber hinaus gingen umfangreiche Berichte an die Exilregierung in London, die deshalb meist recht genau über das deutsche Vorgehen informiert war. Neben zahlreichen anderen Aktivitäten ist trotz einzelner antisemitischer Einlassungen außerdem die Hilfe für die verfolgten jüdischen Mitbürgerinnen und Mitbürger zu nennen. Sie wurde durch den Rat für die Unterstützung von Juden (*Rada Pomocy Żydom, Żegota*) koordiniert, bezahlt hauptsächlich durch jüdische Unterstützerinnen und Unterstützer im Ausland.

Das Symbol der *Armia Krajowa* – die Buchstaben P und W stehen für *Polska Walcząca* (›Kämpfendes Polen‹), Inschrift an einer Häuserwand in der Moniuszko-Straße, Warschau 1944.

Der führende Kopf der *Armia Krajowa*, Stefan Rowecki (1895–1944), wurde im Juni 1943 vermutlich infolge einer Denunziation von der Gestapo in Warschau verhaftet und schließlich in das KZ Sachsenhausen gebracht. Kurz nach Ausbruch des Warschauer Aufstands wurde er ermordet.

1942 war der Widerstand zu einer ernsthaften Bedrohung angewachsen und durchaus im Stande, Besatzungsfunktionäre mit gezielten Attentaten auszuschalten. Deutsche Vergeltungsmaßnahmen nahm man mittlerweile notgedrungen in Kauf, denn die Führung der *Armia Krajowa* war kaum mehr in der Lage, ihre kampfwilligen Mitglieder zurückzuhalten.

Auch Jüdinnen und Juden, die vor der Vernichtung flohen, schlossen sich teilweise dem Untergrund an, insbesondere in den wald- und sumpfreichen Gebieten der Distrikte Lublin und Radom. Die Dimension des sogenannten Bandenkampfs in Polen blieb dennoch deutlich hinter derjenigen in der Sowjetunion oder auf dem Balkan zurück: Es entstanden schlicht deshalb viel weniger Partisanengebiete, weil die geographischen Räume kleiner und dichter besiedelt waren.

Das war ein zentrales Dilemma der *Armia Krajowa*. Deren Oberkommandierender General Stefan Rowecki (Deckname »Grot«) hatte bereits im Februar 1941, noch für den ZWZ, eine erste Aufstandsplanung vorgelegt, die ganz Polen umfasste. Sein Fazit war wenig optimistisch: Im Grunde sei die Lage hoffnungslos, eine Auseinandersetzung mit der Wehrmacht sei nicht zu gewinnen. Und selbst wenn diese in einem künftigen Krieg gegen die Sowjetunion unterliegen sollte – der Sieger über Deutschland, der zu diesem Zeitpunkt selbst noch Besatzer in Polen war, wäre wohl noch stärker einzuschätzen als das NS-Regime. Nur mit massiver Unterstützung der westlichen Verbündeten könne überhaupt ein bewaffneter Aufstand gelingen.

Daran arbeitete die Exilregierung zwar, aber ihre Bemühungen blieben fruchtlos, weil die Alliierten ihre eigenen Schlachten schlagen mussten und wollten. Zwar gelang es, mit den *Chichociemni* (ein polnischer Neologismus für ›die Leisedunklen‹) eine Eliteeinheit von Fallschirmspringern aufzubauen, die von England aus den Kontakt mit der Heimat halten und die Strukturen der *Armia Krajowa* unterstützen sollten. Am Ende aber sprangen zwischen 1941 und 1944 lediglich 316 Angehörige dieser Truppe über Polen ab, von denen 112 ums Leben kamen. Massivere Einsätze waren weder logistisch noch personell möglich.

Rowecki arbeitete im September 1942 eine neue Aufstandsplanung aus, die die veränderte Situation des deutsch-sowjetischen Krieges berücksichtigte. Der Befund war abermals ernüchternd, ein Kampf gegen eine siegreiche Rote Armee sei nach wie vor nicht zu gewinnen. Aber man könne die deutschen Besatzungsorgane schlagen, wenn sie keine Unterstützung durch die Wehrmacht mehr hätten. Das war eine folgenreiche Einschätzung, die in der Zukunft wirkmächtig werden sollte. Die Exilregierung, die den umfangreichen Bericht erst ein halbes Jahr später durch einen Kurier erhielt, reagierte zurückhaltend: Man solle nichts überstürzen.

Für die jüdische Bevölkerung war Abwarten jedoch keine Option. Mitte 1942 liefen die Deportationen in die Vernichtungslager auch im Generalgouvernement auf Hochtouren. Und so wie sich die Jüdinnen und Juden immer wieder gegen die Einsatzgruppen in der besetzten Sowjetunion gewehrt, diese angegriffen und teils Massenfluchten organisiert hatten, so geschah es auch in den polnischen Kernlanden: In 27 Ghettos kam es zu unterschiedlichen Formen von Aufständen, wobei derjenige im Warschauer Ghetto im Frühjahr 1943 der bekannteste war.

In Warschau überlebten nur etwa 80 jüdische Kämpferinnen und Kämpfer den Ghettoaufstand, Hunderte weitere Menschen hatten dem Inferno entkommen können. Und während die Deutschen nun auf dem Gelände des ehemaligen Ghettos systematisch alle Gebäude sprengten, war der jüdische Widerstand noch längst nicht vorbei: Der Aufstand hatte sich in Windeseile herumgesprochen. Er inspirierte viele weitere Aktivitäten.

Der Aufstand im Warschauer Ghetto 1943

Der 19. April 1943 war als Anfang vom Ende des Warschauer Ghettos gedacht. Die verbliebenen rund 60 000 Jüdinnen und Juden sollten nun alle in die Vernichtungslager deportiert werden. Die deutsche Vernichtungsmaschinerie war eingespielt, die Logistik effizient und der Personalaufwand für solche Aktionen vergleichsweise klein. Zudem hatte sich die SS auf jenen Frühlingstag besonders gut vorbereitet und zusätzliche Männer zusammengezogen, damit auch alles glatt ablief.

Doch die beiden Kolonnen, die am frühen Morgen von Süden her die Eingangstore des Ghettos an der Nalewki- und der Zamenhof-Straße durchschritten, kamen nicht weit: Kaum hatten sie die Plätze hinter den Portalen betreten, wurden sie aus den umliegenden Häusern unter Beschuss genommen und mit Handgranaten und Molotow-Cocktails beworfen. In der Nalewki-Straße hielten sich die Deutschen fast zwei Stunden, bevor sie einen unorganisierten Rückzug antraten und sogar ihre Toten zurückließen. In der Zamenhof-Straße wurde einer ihrer zwei Panzer in Brand gesetzt, sodass sie bereits nach nur einer halben Stunde wieder flüchteten. Es war der Beginn des Aufstands im Warschauer Ghetto, der als bekanntester Akt jüdischen Widerstands gegen den Holocaust in die Geschichte eingehen sollte.

An jenem Tag im April war die Jüdische Kampforganisation (*Żydowska Organizacja Bojowa*, ŻOB) vorgewarnt und optimal positioniert – es ging ihr ausschließlich um Verteidigung. Hilfe von außen erhielt das mit einer Mauer umgebene Ghetto in den nächsten Wochen nur vereinzelt. Die Unterstützung des polnischen Untergrunds beschränkte sich fast ausschließlich auf warme Worte und die Lieferung vereinzelter Handfeuerwaffen. Dennoch verwickelten die Aufständischen die Deutschen bis zum 16. Mai in teils heftige Gefechte. Sie reagierten mit massivem Einsatz von Flammenwerfern und sogar mit Luftbombardements, um so das ganze Gebiet in Brand zu setzen. Erst dann konnte SS- und Polizeiführer Jürgen Stroop in seinem Bericht nach Berlin den berüchtigten Satz melden: »Es gibt keinen jüdischen Wohnbezirk in Warschau mehr!« Die zivilen Opfer unter den am Widerstand unbeteiligten Ghettoinsassen lagen bei weit über 10 000 Menschen; 30 000 wurden nach dem Ende der Kampfhandlungen exekutiert, weitere Tausende in Vernichtungslager deportiert.

Stroops mindestens 1500 Mann hatten fast einen Monat gebraucht, um sich im erbitterten Häuserkampf gegen zahlenmäßig unterlegene und vollkommen unzureichend ausgerüstete, militärisch unerfahrene und durch die lange Zeit im Ghetto geschwächte jüdische Kämpferinnen und Kämpfer durchzusetzen. Offiziell gestand der SS- und Polizeiführer 16 deutsche Tote und 85 Verwundete ein, sprach dabei aber nicht über seine Hilfskräfte, unter denen es deutlich mehr Todesopfer gegeben hatte.

Wir sind heute gewohnt, mit dem Wissen über sechs Millionen Tote des Holocaust das nationalsozialistische Mordprogramm als offensichtlichen und gewissermaßen logischen Teil des Zweiten Weltkriegs zu betrachten. Aber das ist eine ahistorische Annahme, denn sogar große Teile der NS-Führungsspitze gingen noch bis weit ins Jahr 1941 davon aus, die jüdische Bevölkerung aus ihrem Machtbereich schlicht abschieben zu können. Tatsächlich war der Holocaust eine stetig anschwellende, oftmals improvisierte Mordorgie, die zunächst keinem Plan folgte.

Hoffnung, Verdrängung und das konkrete, kurzfristige Überleben hatten deshalb zunächst auch im Warschauer Ghetto dominiert. Erst im Juli 1942 schlossen sich verschiedene jüdische Jugendorganisationen zur ŻOB zusammen. Doch der Untergrund des Warschauer Ghettos stand vor dem grundlegenden Dilemma jeglichen jüdischen Widerstands, das ihn von allen anderen nationalen Untergrundorganisationen unterschied: Es gab keine erfolgversprechenden Handlungen, denn eine Massenflucht der noch 60 000 Insassinnen und Insassen des Ghettos war ebenso unrealistisch wie ein Sieg über die deutsche Militär- und Vernichtungsmaschinerie. Schon auf individueller Ebene war es höchst schwierig, die nötigen Ressourcen aufzutreiben, um in der feindlichen Welt der »arischen Seite« jenseits der Ghettomauern zu überleben – zumal eine Befreiung noch lange auf sich warten lassen würde.

Also wollte man in Warschau zumindest ein Zeichen für die jüdische Ehre setzen. In den Worten von Marek Edelman, einem der damaligen Anführer: »Vielleicht, weil die bewusste Wahl zwischen Leben und Tod die letzte Chance zur Wahrung der eigenen Würde ist.« Der Aufstand war allerdings nicht als kollektiver Selbstmord geplant. Und er war auch kein stiller Vorwurf an diejenigen, die nicht mitmachen wollten oder konnten, etwa weil sie für ihre Familie, ihre Kinder zu sorgen hatten.

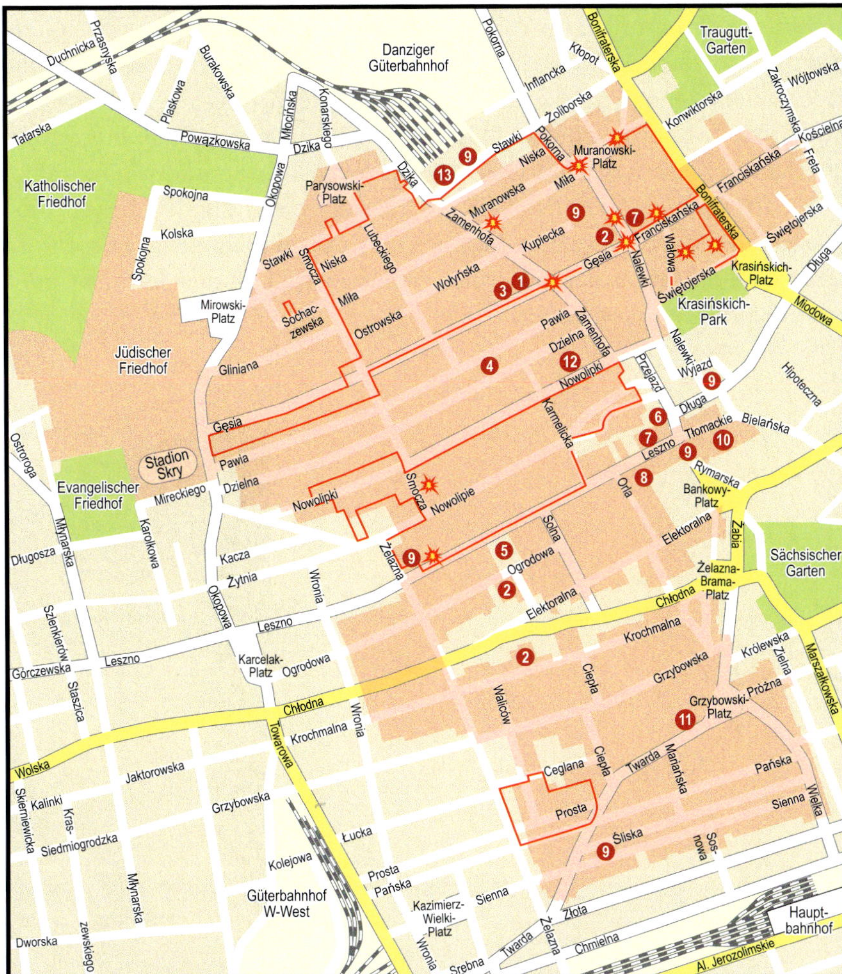

Der Aufstand im Warschauer Ghetto 1943

- Ghetto nach Abriegelung 15.11.1940
- Grenzen des Restghettos nach 21.9.1942
- Orte der Kämpfe
- 1 Judenrat/Gefängniskomplex Gęsiówka
- 2 Jüdische Polizei
- 3 Jüdisches Gefängnis
- 4 Pawiak-Gefängnis
- 5 Gerichte
- 6 Arbeitsamt
- 7 Versorgungsamt
- 8 Amt für Bekämfung von Wucherei und Spekulation
- 9 Jüdisches Krankenhaus
- 10 Große Synagoge
- 11 Nożyk-Synagoge
- 12 Moriah-Synagoge
- 13 Umschlagplatz für Deportationen

0 100 200 300 400 500 m

Quelle: B. Engelking, J. Leociak, The Warsaw Ghetto: A Guide to the Perished City, New Haven/London 2009.

Jüdinnen und Juden im Widerstand ging es neben der Ehre vor allem um das Überleben anderer, um deren Flucht und anschließendes Verstecken, etwa bei den Aufständen in den Vernichtungslagern Treblinka und Sobibor im Sommer und Herbst 1943. Nur sehr wenige Menschen überlebten diese Revolten und konnten tatsächlich entkommen – aber selbst für sie bedeutete das keine Sicherheit, denn die drückende Verfolgung ließ bis zum letzten Tag der Okkupation nicht nach. Das unterschied die Situation der jüdischen grundlegend von der der nichtjüdischen Bevölkerung in Polen.

Die auf Befehl von Jürgen Stroop (1895–1952) gesprengte Große Synagoge von Warschau an der ulica Tłomackie. Ein polnisches Gericht verurteilte Stroop 1951 zum Tode durch den Strang.

Die *Armia Krajowa* beobachtete diese Aufstände lediglich. Dass Stefan »Grot« Rowecki keine dritte Fassung seiner Planungen für eine polnische Erhebung mehr vorlegte, hatte indes einen anderen Grund: Die Gestapo verhaftete ihn am 30. Juni 1943. Zusammen mit dem Flugzeugabsturz Sikorskis nur vier Tage später war das ein Doppelschlag für den polnischen Untergrund, von dem er sich im Grunde nicht mehr erholen sollte.

Roweckis Stellvertreter Tadeusz Komorowski (Deckname »Bór«) folgte ihm nach. Wie der neue militärische Oberbefehlshaber in Lon-

Tadeusz »Bór« Komorowski

Tadeusz Komorowski wurde 1895 in Chorobów in der heutigen Westukraine in eine adlige Familie geboren. Nach dem Gymnasium besuchte er die Theresianische Militärakademie in Wien und nahm als Offizier der österreichisch-ungarischen Armee am Ersten Weltkrieg teil. Seit 1918 diente er als Berufsoffizier bei der polnischen Kavallerie und kämpfte im Polnisch-Sowjetischen Krieg 1919/20. Als Vielseitigkeitsreiter nahm er 1924 an den Olympischen Spielen in Paris sowie als Mannschaftsleiter 1936 in Berlin teil.

Bei Kriegsbeginn 1939 bekleidete er den Rang eines Obersten. Bereits Ende 1939 ging er in den Untergrund und gründete eine eigene militärische Einheit, die bald im ZWZ bzw. später in der AK aufging. Komorowski avancierte weiter. Nach der Verhaftung von Stefan Rowecki galt er als der natürliche Kandidat für dessen Nachfolge. Er drängte einerseits auf Vergeltungsaktionen gegen die Deutschen, andererseits auf Unterstützung durch die Westalliierten, um der Roten Armee nicht hilflos gegenüberzustehen. Während des Warschauer Aufstands 1944 war er gesundheitlich angeschlagen und überließ das Kommando weitgehend seinen Untergebenen. Auch deshalb blieb er als Oberkommandierender blass.

Die Kapitulation der Warschauer Aufständischen unterzeichnete Komorowski persönlich und begab sich daraufhin in deutsche Kriegsgefangenschaft. Nach der Befreiung emigrierte er nach England und engagierte sich in der polnischen Exilregierung, deren Ministerpräsident er zwischen 1947 und 1949 war. Seinen Lebensunterhalt musste er später als Tapezierer verdienen. Komorowski starb 1966 ohne seine Heimat wiedergesehen zu haben.

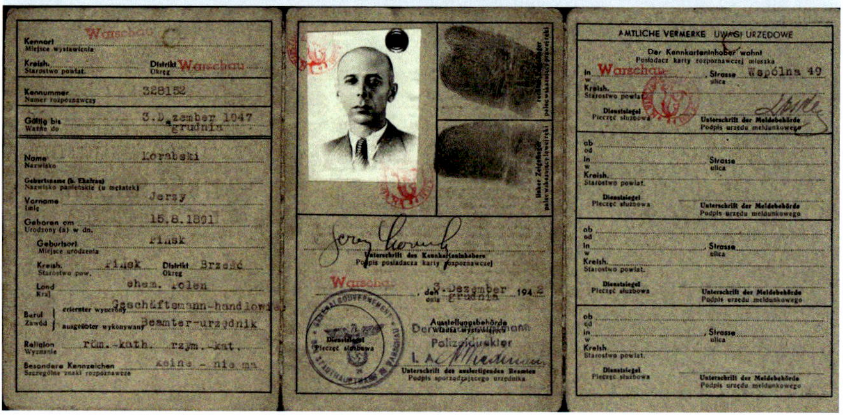
Kennort / Miejsce wystawienia: Warschau
Kreish. / Starostwo powiat. — Distrikt / Okręg: Warschau
Kennummer / Numer rozpoznawczy: 328152
Gültig bis / Ważne do: 3. Dezember / grudnia 1947
Name / Nazwisko: Korabski
Geburtsname (b. Ehefrau) / Nazwisko panieńskie (u mężatek)
Vorname / Imię: Jerzy
Geboren am / Urodzony (a) w dn.: 15.8.1891
Geburtsort / Miejsce urodzenia: Pinsk
Kreish. / Starostwo pow.: Pinsk — Distrikt / Okręg: Brześć
Land / Kraj: ehem. Polen
Beruf / Zawód — erlernter / wyuczony: Geschäftsmann-handlowiec
Beruf / Zawód — ausgeübter / wykonywany: Beamter-urzędnik
Religion / Wyznanie: röm.-kath. rzym.-kat.
Besondere Kennzeichen / Szczególne znaki rozpoznawcze: keine – nie ma

Unterschrift des Kennkarteninhabers / Podpis posiadacza karty rozpoznawczej
Warschau, den / dnia 3. Dezember / grudnia 1942
Dienstsiegel / Pieczęć służbowa
Ausstellungsbehörde / Władza wystawiająca: Der Stadthauptmann, Polizeidirektor, I. A.
Unterschrift des ausfertigenden Beamten / Podpis sporządzającego urzędnika

AMTLICHE VERMERKE UWAGI URZĘDOWE
Der Kennkarteninhaber wohnt / Posiadacz karty rozpoznawczej mieszka
in / w Warschau, Strasse / ulica Wspólna 49
Kreish. / Starostwo powiat.
Dienstsiegel / Pieczęć służbowa — Unterschrift der Meldebehörde / Podpis urzędu meldunkowego
ob / od — in / w — Strasse / ulica — Kreish. / Starostwo powiat.
Dienstsiegel / Pieczęć służbowa — Unterschrift der Meldebehörde / Podpis urzędu meldunkowego

Der gefälschte Ausweis von Tadeusz »Bór« Komorowski, 1942

don, Kazimierz Sosnkowski, war er ein erfahrener Berufssoldat. Die beiden Generäle diskutierten in länglichen Denkschriften die Bedingungen einer Revolte, konnten sich aber nicht auf eine klare Linie einigen. Ende 1943 erwogen sie, beim Vormarsch der Roten Armee auf ostpolnisches Gebiet lokale Aufstände auszulösen, die im Rücken der sich zurückziehenden Wehrmacht die Gunst der Stunde nutzen sollten. Aber Komorowski sah gerade für die polnischen Ostgebiete sehr klar voraus, dass auf dem Land kaum mit einer Unterstützung der Bevölkerung zu rechnen wäre, weil diese vorwiegend anderen ethnischen Gruppen angehörte.

Derweil war die *Armia Krajowa* in diesen Regionen bereits in teils heftige Gefechte verwickelt. Ihre Gegner waren aber nicht so sehr die Deutschen, sondern vor allem die Minderheiten der früheren polnischen Republik: die Litauer und die Ukrainer. Erstere hatten vor 1939 auch einen eigenen Staat besessen, aber sich 1918/19 heftige Gefechte mit Polen um die Stadt Wilna geliefert. Polen blieb damals siegreich, doch nun sahen litauische Kollaborateure ihre Chance, Rache zu nehmen; die AK nahm diesen Kampf an. Die deutschen Besatzer förderten die Auseinandersetzungen, denn so waren die unterdrückten Völker gewissermaßen miteinander beschäftigt und stellten für die Besatzungsmacht keine unmittelbare Gefahr dar.

Noch bedrückender war die Lage in Wolhynien, jener mehrheitlich ukrainisch bewohnten Gegend der untergegangenen polnischen Republik. Dort ging die Ukrainische Aufständische Armee (UPA) mit vernichtender Gewalt gegen die polnische Minderheit vor. Sie war zeitweise mit den Deutschen verbündet, agierte 1943 aber bereits auf eigene Rechnung. Ihre Massaker kosteten annähernd 100 000 Polen das Leben, während die *Armia Krajowa* im Gegenzug etwa 15 000 ukrainische Zivilistinnen und Zivilisten tötete. Und während sich die beiden Untergrundarmeen gegenseitig bekämpften, profitierte im Ergebnis die deutsche Besatzungsmacht.

↗ Der Leichenzug Franz Kutscheras (1904–1944) am Warschauer Adolf-Hitler-Platz (Piłsudski-Platz) – konspirative Aufnahme. Die Ermordung des SS- und Polizeiführers fand im Ausland keinen Widerhall.

4 Entscheidung zum Kampf

Im Spätherbst 1943 beurteilten die Exilregierung und die AK-Führung in Polen ihre eigene Lage als schwierig. Weder ein Sieg der Alliierten im Westen noch ein Zusammenbruch des Deutschen Reiches waren absehbar. Stattdessen rückte die Rote Armee zügig auf die ehemalige polnische Ostgrenze vor. In den ehemaligen Ostgebieten der Republik war die Situation alles andere als eindeutig: Blutige Auseinandersetzungen zwischen den verschiedenen dort lebenden Ethnien ließen kaum auf eine geschlossene Front gegen die Sowjetunion hoffen.

Komorowski erhielt aus London nur überaus vage Hinweise, wie er vorgehen solle. Er legte deshalb am 20. November 1943 Pläne für die Aktion *Burza* (›Sturm‹) vor, die auf eine Selbstbefreiung Polens abzielten, regional gestaffelt und an den konkreten Gegebenheiten orientiert: Beim Abzug der Wehrmacht sollten sich die lokalen AK-Gruppierungen erheben und die Rote Armee gewissermaßen als Hausherren willkommen heißen. Offene Kämpfe waren nicht anzustreben, insbesondere nicht in den Städten. Selbst eine geschlagene Wehrmacht war nach wie vor ein überlegener Gegner für den Untergrund, außerdem wollte man zivile Opfer vermeiden.

Im Frühjahr 1944 waren die Erfahrungen der Heimatarmee in Wolhynien ernüchternd. Wie befürchtet konnten höchstens Scharmützel oder Rückzugsgefechte gegen die Deutschen gewonnen werden. Die Rote Armee war zwar zu einer taktischen Kooperation mit der AK bereit, ging aber sehr schnell dazu über, deren Verbände zwangsweise in die eigenen Reihen zu integrieren, sobald sich die Lage stabilisiert hatte. Und weil all dies auf dem Lande stattfand, war keinerlei nationale oder gar internationale Sichtbarkeit gegeben.

Gerade das aber wünschte sich die Exilregierung in London. Um als legitime Repräsentanz des polnischen Volkes wahrgenommen zu werden, brauchte sie sichtbare Erfolge. Nur so ließ sich der Herrschaftsanspruch der Sowjetunion zurückweisen, denn die Westalliierten setzten ganz pragmatisch auf den stärkeren Partner. Zwar schätzten sie die aus Polen eintreffenden präzisen Informationen über die Wehrmacht und deren Truppenverlegungen, aber einen echten Kampf der Polen gegen die Besatzer konnten sie nicht erkennen. Nachdem die Tschechen mit dem Attentat auf Reinhard Heydrich ein vielbeachtetes Zeichen gesetzt hatten, riefen die erfolgreichen Warschauer Anschläge etwa auf Franz Bürkl, den Kommandanten des berüchtigten Pawiak-Gefängnisses am 7. September 1943, oder die spektakuläre Tötung des SS- und Polizeiführers Franz Kutschera am 1. Februar 1944 – am helllichten Tage mitten im Stadtzentrum und trotz vielköpfiger Eskorte – mangels Prominenz der Toten kaum Resonanz im Ausland hervor.

Eine neue Strategie des Widerstands war deshalb notwendig. Offensichtlich brauchte es den Kampf um die Städte, um überhaupt wahrgenommen zu werden. Im Unterschied zu den ländlichen Gebieten gab es dort zudem eine ethnische polnische Mehrheit, deren prozentualer Anteil durch die Ermordung der jüdischen Bevölkerung sogar noch gewachsen war.

Im Sommer bot sich der *Armia Krajowa* in Wilna (heute Vilnius), das bis 1939 zu Polen gehört hatte, die nächste Chance für einen Kampf. Komorowski erteilte am 3. Juli 1944 den Befehl, die Stadt gemäß dem aktualisierten *Burza*-Plan zu erobern, wenn die Deutschen den Rückzug antraten. Weil die Rote Armee schneller vorankam als angenommen, musste das Aufstandsdatum hektisch vom 7. auf den 6. Juli vorverlegt werden. Aber die AK verzettelte sich bereits bei der notwendigen Verlegung ihrer Verbände in Scharmützeln im Umland Wilnas. Die Be-

Eine nur teilweise erfolgreiche Kooperation: AK-Soldaten gemeinsam mit Rotarmisten im befreiten Wilna, 13. Juli 1944. Die Wehrmacht musste sich zurückziehen.

fehlsübermittlung ohne Funk blieb schwierig, sodass auch untere Ränge wegen der notwendigen Konspiration viele Entscheidungen selbst treffen mussten, ohne dabei nur annähernd die Gesamtsituation berücksichtigen zu können.

Am Abend des 6. Juli standen weniger als 5000 statt der ursprünglich erhofften über 10 000 Kämpfer bereit, die meisten waren bereits von vorhergehenden Gefechten erschöpft. Zu diesem Zeitpunkt hatten die Deutschen allerdings nur ihr Zivilpersonal zurückgezogen, während die Wehrmacht unter Generalmajor Rainer Stahel die Stadt befestigt hatte und gegen die vorrückenden Sowjets verteidigen wollte. Und mehr noch: Sie war vorgewarnt durch den sprunghaften Anstieg der Untergrundaktivitäten in den letzten Stunden und erwartete den Aufstand der *Armia Krajowa*. Nach Mitternacht wurde deren Angriff innerhalb von wenigen Stunden zurückgeschlagen. Die Wehrmacht hielt Wilna noch bis zum 13. Juli und zog sich dann vor den Sowjets zurück.

Im Umland kooperierte die AK daraufhin wie schon in Wolhynien durchaus erfolgreich mit der Roten Armee, musste sich von dieser aber nach dem Abflauen der Kämpfe erneut gegen ihren Willen entwaffnen

Der Vorstoß der Roten Armee auf Warschau im Sommer 1944

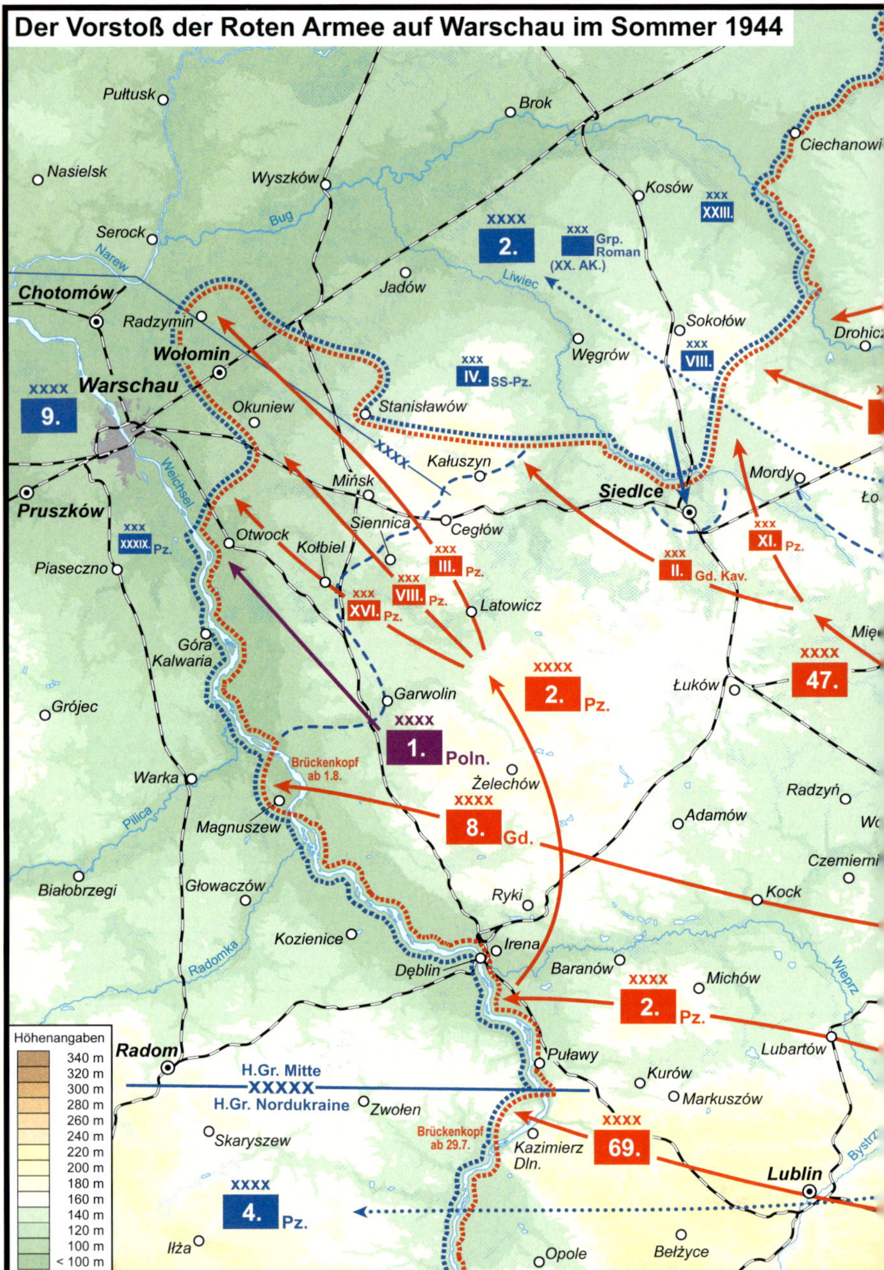

Quelle: Das Deutsche Reich und der Zweite Weltkrieg, Hrsg. vom MGFA, Bd. 8: Die Ostfront - Der Krieg im Osten und an den Nebenfronten, 2. Aufl., München 2007, S. 645, MGFA 04498-24.

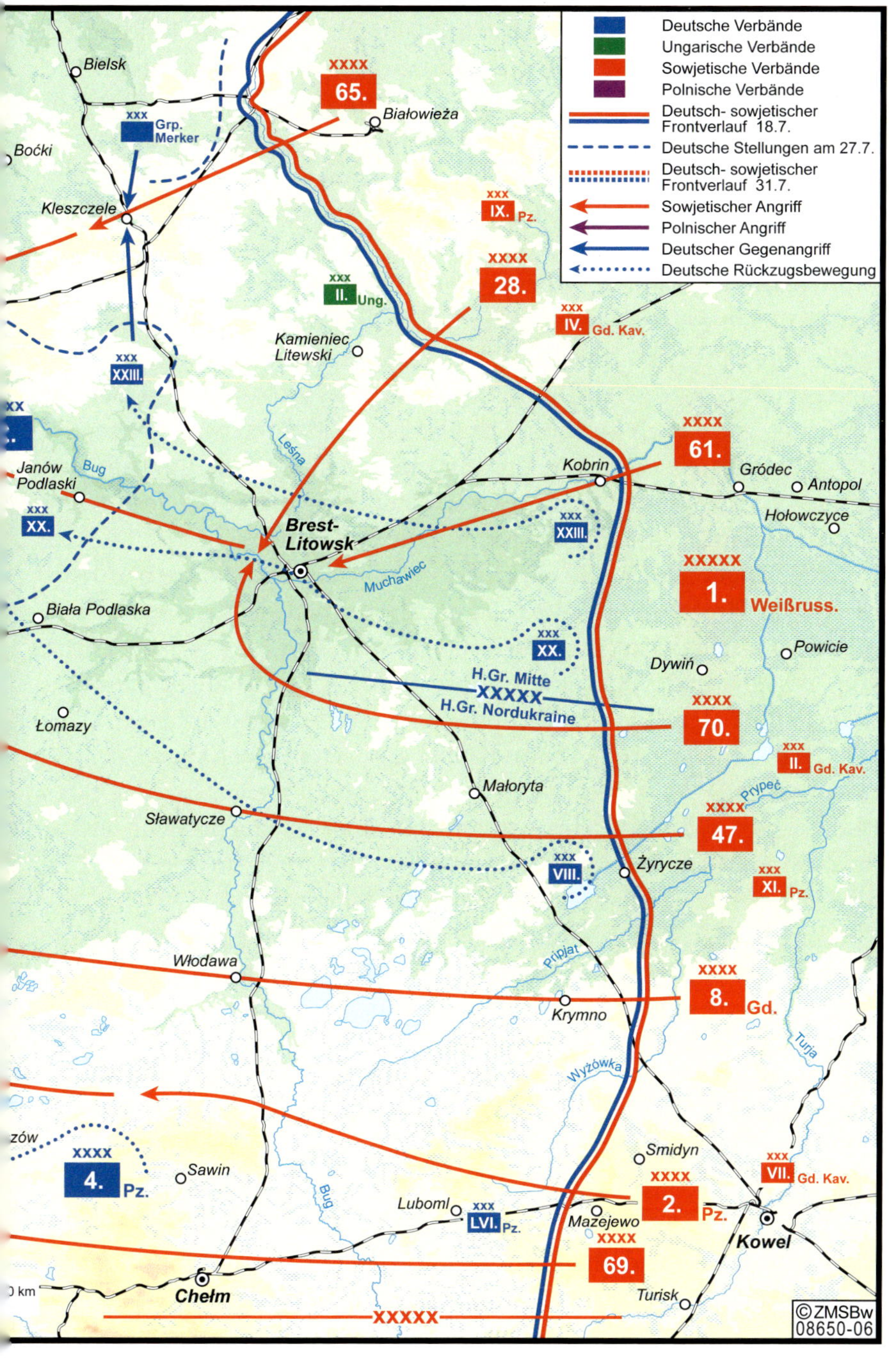

Deutsche Verbände
Ungarische Verbände
Sowjetische Verbände
Polnische Verbände
Deutsch- sowjetischer Frontverlauf 18.7.
Deutsche Stellungen am 27.7.
Deutsch- sowjetischer Frontverlauf 31.7.
Sowjetischer Angriff
Polnischer Angriff
Deutscher Gegenangriff
Deutsche Rückzugsbewegung
Bielsk
Boćki
Grp. Merker
65.
Białowieża
Kleszczele
IX. Pz.
28.
II. Ung.
IV. Gd. Kav.
Kamieniec Litewski
XXIII.
Janów Podlaski
Bug
Leśna
61.
Kobrin
Gródec
Antopol
Hołowczyce
XX.
Brest-Litowsk
Muchawiec
1. Weißruss.
Biała Podlaska
Powicie
Dywiń
H.Gr. Mitte
H.Gr. Nordukraine
70.
Łomazy
II. Gd. Kav.
Prypeć
Małoryta
Sławatycze
47.
VIII.
Żyrycze
XI. Pz.
Włodawa
Pripjat
8. Gd.
Krymno
Turja
Wyżówka
Smidyn
4. Pz.
Sawin
VII. Gd. Kav.
2. Pz.
Luboml
LVI. Pz.
Mazejewo
Kowel
69.
Chełm
Turisk
©ZMSBw 08650-06

lassen. Ganz ähnlich entwickelten sich die Dinge ab Mitte Juli 1944 in Lemberg und Lublin: Zwar kam es nur zu kleineren Gefechten um die Städte selbst, aber wieder konnte der polnische Untergrund lediglich in der unmittelbaren Umgebung aktiv werden. Abermals begrüßten die Sowjets diese Unterstützung und kooperierten so lange, bis die Wehrmacht abgezogen war, um dann die Aufständischen zwangsweise in ihre Reihen einzugliedern.

In Warschau war die Führung der Heimatarmee um »Bór« Komorowski über diese Entwicklungen relativ genau im Bilde. Offensichtlich waren ihre Einheiten alleine nicht in der Lage, eine Entscheidung bzw. eine Befreiung herbeizuführen. Mehr zu sein als der Juniorpartner der Sowjets – von denen keinerlei Dankbarkeit oder Entgegenkommen zu erwarten waren – schien vorerst nicht möglich. Das wiederum bedeutete, dass daraus keinerlei politisches Kapital für die Exilregierung erwachsen konnte. Es stand schlecht um die polnische Sache.

In der zweiten Julihälfte 1944 gab es wenig, das den Männern um Komorowski Hoffnung machte. Unaufhaltsam walzte die Rote Armee nieder, was sich ihr in den Weg stellte. Am 22. Juni 1944 war sie östlich von Mogilew und Witebsk zu »Operation Bagration« angetreten und hatte in der Folge die Heeresgruppe Mitte nahezu vollständig zerschlagen. Der Vormarsch um gut 700 Kilometer in rund sechs Wochen stellte – unter großen eigenen Opfern – die mustergültige Umsetzung eines Blitzkriegs dar. Die Wehrmacht verlor in ihrer schwersten Niederlage im Zweiten Weltkrieg 28 Divisionen und annähernd 400 000 Mann. Es war ein Verlust, von dem sie sich nicht wieder erholte.

Am 25. Juli erreichten sowjetische Spitzen die Weichsel rund 100 Kilometer südlich von Warschau. In Magnuszew, in der Nähe von Puławy, errichteten sie einen Brückenkopf. Zu dieser Zeit stand die deutsche 2. Armee noch in Brest-Litowsk, sodass sich eine Flanke von etwa 150 Kilometern auftat. Eilends zog sie sich nach Westen zurück und erreichte bald den Raum von Siedlce, was immer noch 60 Kilometer von Warschau und der Weichsel entfernt war. Auf sowjetischer Seite war sich Armeegeneral Konstantin Rokossowski der Gelegenheit zu einer großen Kesselschlacht bewusst und ließ seine 2. Panzerarmee aus Puławy in Richtung Norden drehen. Am 30. Juli erreichte deren III. Panzerkorps die Kleinstadt Radzymin, nur wenige Kilometer vom Narew entfernt. Der deutschen 2. Armee war damit der direkte Rückzug abgeschnitten.

Griff nicht in den Warschauer Aufstand ein: Konstantin Rokossowski (1896–1968), Marschall der Sowjetunion.

Die Wehrmacht rechnete bis Ende Juli hauptsächlich mit einem Sturmangriff auf Warschau. Am 25. Juli hieß es deshalb, die 9. Armee solle dort die Verteidigung stärken und die Verbindung zur 2. Armee herstellen. Allerdings bestand der erstgenannte Verband im Grunde nur aus wenigen, kaum einsatzfähigen Einheiten wie den Kompanien des Aserbaidschanischen Bataillons 818 oder des Turk-Bataillons 791. Der 73. Infanteriedivision immerhin gelang es, am 29. Juli Rokossowskis XVI. Panzerkorps rund 20 Kilometer vor Warschau zunächst aufzuhalten. Gerade das aber verdeutlichte der Wehrmacht, dass der Hauptstoß der sowjetischen 2. Panzerarmee eben nicht auf die Hauptstadt zielte.

Derweil debattierte »Bór« Komorowski mit seinen Offizieren, was zu tun sei. Die Ankunft der Roten Armee schien unmittelbar bevorzustehen, selbst wenn in Warschau die Details der Frontsituation nicht bekannt waren. Allerdings beobachtete man tagtäglich zurückgehende Wehrmachteinheiten, sodass kaum jemand mit einer deutschen Verteidigung der Stadt oder gar einem Aufhalten der Sowjets rechnete. Ganz im Gegenteil schien das »Dritte Reich« in Auflösung begriffen, hatte es doch am 20. Juli das Attentat einer Gruppe von Militärs um Claus Schenk Graf von Stauffenberg auf Hitler gegeben. Vielleicht war ein Kriegsende wie 1918 zu erwarten, als die Deutschen freiwillig aus Warschau abzogen?

Aufstandstraditionen

Als sich das Warschauer Ghetto 1943 erhob, nahm man sich die Verteidigung Masadas im Jüdischen Krieg gegen die Römer im Jahre 73/74 sowie die des Musa Dagh im osmanischen Genozid an den Armeniern 1915 zum Vorbild. Letzteres hatte in der glücklichen Rettung von 4092 Menschen geendet, Ersteres in einem Blutbad und Massenselbsttötungen mit fast 1000 Toten.

Der polnische Denkhorizont war anders und unmittelbarer. Fremdherrschaft durch Deutsche und Russen sowie Österreicher hatte es bereits während der Teilungszeit 1795 bis 1918 gegeben – und auch Widerstand dagegen. Tatsächlich fing er mit Tadeusz Kościuszkos Erhebung von 1794, die jedoch Polens Untergang nicht verhindern konnte, sogar schon vorher an. 1830 hatte sich der Novemberaufstand gegen das Zarenreich gerichtet, weil Nikolaus I. die Rechte seiner polnischen Untertanen missachtete. Kadetten der Warschauer Fähnrichschule erhoben sich, vertrieben Nikolaus' Statthalter und fanden schnell Rückhalt beim städtischen Bürgertum und in Teilen des Adels. Weil letzterer aber das Feudalsystem beibehalten wollte, ließ sich die große Mehrheit der ländlichen Bevölkerung für den Aufstand nicht begeistern. Dennoch kam eine Armee mit über 80 000 Kämpfern zusammen, die erst im Herbst 1831 vor den überlegenen Russen kapitulierte.

1846 revoltierten Polen in der preußischen Provinz Posen und im österreichischen Krakau. Erstere wurden verraten und schnell unterdrückt, ähnlich wie bei einem zweiten Versuch 1848, letztere hielten sich immerhin eineinhalb Monate in der Stadt. Bedeutsam war das vor allem deshalb, weil erstmals Bauernbefreiung und Judenemanzipation proklamiert und damit nationale und soziale Fragen verbunden wurden. Die Resonanz unter der Landbevölkerung blieb dennoch gering, weil die Österreicher zugleich die Bauern gegen die polnischen Gutsbesitzer aufwiegelten.

Der Januaraufstand von 1863 richtete sich erneut gegen die Russen in deren Teilungsgebiet. Und diesmal war auch die Landbevölkerung beteiligt, außerdem sympathisierten Minderheiten wie die jüdische und litauische mit der polnischen Sache. Aber das konnte die unzureichende Vorbereitung und die mangelhafte Bewaffnung der Aufständischen nicht ausgleichen. So beteiligten sich zwar bis zur vollständigen Niederschlagung im April 1864 rund 200 000 Menschen an den Kämpfen, doch zu keiner Zeit hatten die Rebellen mehr als 30 000 Mann gleichzeitig unter Waffen. Es gelang ihnen auch nicht, Warschau unter ihre Kontrolle zu bringen.

Hatte Bedenken, dass die AK für eine Erhebung gegen die Besatzer zu schwach sei: Józef »Filip« Szostak (1897–1984), hier 1931 als Major.

Die *Armia Krajowa* sah sich in jenen Tagen einem großen Rechtfertigungsdruck ausgesetzt. Ihre jahrelange Aufbauarbeit im Untergrund hatte bisher keine Erfolge gezeitigt, zu einem echten Aufstand war es nicht gekommen. Im 19. Jahrhundert hatte das ganz anders ausgesehen: Polen erhob sich mehrfach gegen die drei Teilungsmächte und kämpfte teils monatelang für seine Unabhängigkeit. In den Worten von Oberst Józef Szostak, dem ehemaligen Leiter der Hauptkommandantur I der AK: »Wir waren eine Generation, die in einer Zeit von mehr als hundert Jahren der Unfreiheit Polens zur Welt kam und erzogen wurde. Wir wuchsen im Geiste des glühendsten Patriotismus und Träumen von der Unabhängigkeit auf. Unsere ganze Einstellung war durchdrungen von der Sehnsucht nach Freiheit.«

Und mehr noch, sogar die jüdische Bevölkerung, die viel schlechter ausgebildet und ausgerüstet war als die AK, hatte bei ihrem Aufstand im Warschauer Ghetto für ihre Ehre gekämpft und sich ungeachtet der Erfolgsaussichten erhoben. Zwar stellte Komorowski die Unterstützung für Jüdinnen und Juden, für die sein Vorgänger Rowecki noch gewisse Sympathien gehabt hatte, weitgehend ein; ihm galten die jüdischen Aufständischen als höchst verdächtige pro-sowjetische Elemente. Doch gerade deshalb wollte er nicht hinter ihnen zurückstehen.

Das bisherige Verhalten der Deutschen ließ nichts Gutes für einen Aufstand erhoffen. Der vorangegangene »Bandenkampf« hatte in Polen Tausende Zivilistinnen und Zivilisten das Leben gekostet, ohne dass diese überhaupt zum Widerstand gehörten. Absichtlich kam deshalb Warschau in den Planungen zur Aktion *Burza* nicht vor – das Risiko für die Stadt und ihre Menschen schien viel zu groß. Doch in der zweiten Julihälfte änderte sich diese Bewertung. Ein Grund dafür war der Wunsch, endlich Rache für die deutschen Verbrechen nehmen zu können und es der verhassten Besatzungsmacht heimzuzahlen.

Vor allem »Bórs« Stellvertreter, Brigadegeneral Tadeusz Pełczyński und Brigadegeneral Leopold Okulicki, argumentierten zudem explizit politisch: Ohne Erfolge in der Heimat hätte die Exilregierung nichts gegenüber den Alliierten in der Hand. Die *Armia Krajowa* müsse sich in Warschau erheben, so ihr Tenor bei einem Treffen mit Józef Szostak am 21. Juli. Letzterer erhob Einwände: Die AK sei zu schwach. Die Gestapo hatte in den letzten Monaten mehrfach Waffenlager entdeckt, zudem habe die Erhebung in Wilna mit viel Material unterstützt werden müssen. Ohne substanzielle Unterstützung durch die Alliierten sei an einen Erfolg nicht zu denken.

Okulicki und Pełczyński ignorierten die Bedenken und trugen ihre Sichtweise noch am gleichen Tag Komorowski vor. Sie betonten dabei die Notwendigkeit einer bewaffneten Tat und verwiesen nicht nur auf die Aufstände des 19. Jahrhunderts, sondern auch auf die polnischen Legionen des Ersten Weltkriegs, in denen sie gedient hatten: Diese Freiwilligeneinheiten hatten unter dem legendären Staatsgründer Marschall Józef Piłsudski aufseiten der Mittelmächte gegen das zarische Russland gekämpft, sich aber später lieber entwaffnen lassen, als einen Eid auf die Kaiser in Berlin und Wien zu leisten. Diesen zentralen Erfahrungshintergrund deuteten die Berufsoffiziere des 1939 untergegangenen Regimes als notwendigen und letztlich siegreichen Widerstand sogar unter widrigsten Bedingungen.

Die geschichtlichen Vorbilder waren nicht nur angesichts der präzedenzlosen Gewalt von Nationalsozialisten und Sowjets schwerlich vergleichbar. Ihre Wirkmächtigkeit lässt sich zwar kaum leugnen, sie führt allerdings zugleich vor Augen, wie gefährlich die selektive Wahrnehmung und Interpretation der Vergangenheit sein können. Das gilt umso mehr, als ein anderes Ereignis mit nochmals konkreterem Bezug keine

War von der politischen Notwendigkeit eines Aufstandes überzeugt, um die Position der Exilregierung zu stärken: Tadeusz Pełczyński (li.), hier mit Komorowski (r.) bei einer Pressekonferenz im Mai 1945.

Beachtung fand: Der Maiputsch von 1926. Mit diesem Staatsstreich hatte sich Piłsudski die Macht zurückgeholt und die Grundlage für die autoritäre polnische Diktatur auch des Jahres 1939 gelegt.

Zweieinhalb Tage lang versank Warschau 1926 in Straßenkämpfen zwischen den Teilen der Armee, die loyal zur demokratisch gewählten Regierung standen, und jenen, die auf Piłsudskis Seite waren – sowie

Bereits 1926 war es während des Maiputsches von Józef Piłsudski (1867–1935) zu heftigen Straßenkämpfen in Warschau gekommen.

zahlreichen Zivilistinnen und Zivilisten auf beiden Seiten. Auf über 200 gefallene und 600 verwundete Soldaten kamen 164 getötete und 314 verletzte Warschauer Einwohnerinnen und Einwohner. Nicht erst seit Stalingrad oder dem Aufstand im Ghetto konnte man in Warschau wissen, was Straßenkämpfe in einer dicht bevölkerten Stadt anrichteten. Dass es 1926 nicht noch viel mehr Tote gegeben hatte, war der gewählten Regierung zu verdanken, die ohne eigentliche militärische Notwendigkeit kapituliert hatte, um noch mehr Opfer zu vermeiden.

Komorowski interessierte sich wenig für Politik, doch er ließ sich am 21. Juli 1944, einen Tag nach dem gescheiterten Attentat auf Hitler, von seinen Untergebenen überzeugen: Er meldete nach London, dass der Zusammenbruch der Deutschen bevorstehe und er deshalb der Warschauer AK befohlen habe, ab dem 25. Juli bereit für einen Aufstand zu sein. Er kam damit dem Manifest des Polnischen Komitees der Nationalen Befreiung in Lublin um einen Tag zuvor – es war der von Moskau ausgearbeitete offizielle Machtanspruch der polnischen Kommunisten, die ganz deutlich machten, dass sie die Exilregierung oder die *Armia Krajowa* nicht anerkennen würden.

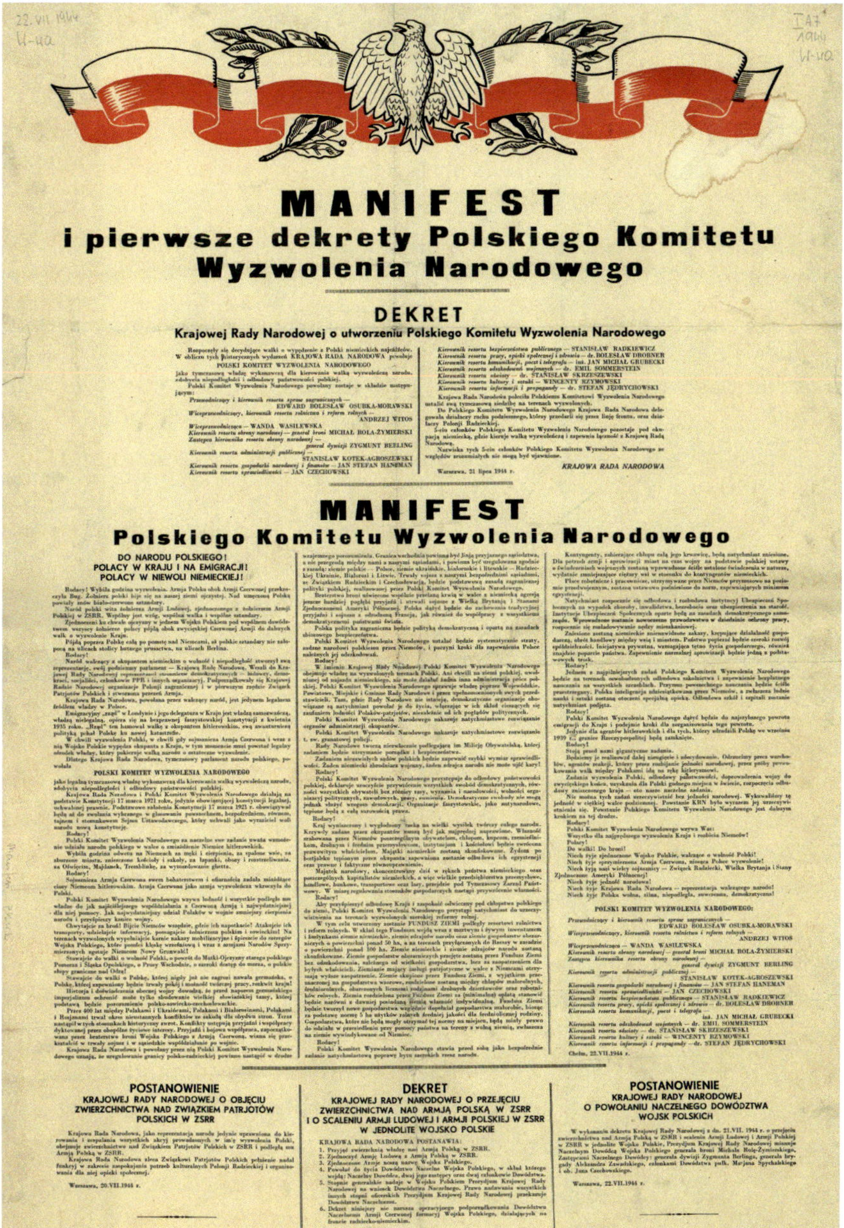

MANIFEST
i pierwsze dekrety Polskiego Komitetu Wyzwolenia Narodowego

DEKRET
Krajowej Rady Narodowej o utworzeniu Polskiego Komitetu Wyzwolenia Narodowego

MANIFEST
Polskiego Komitetu Wyzwolenia Narodowego

DO NARODU POLSKIEGO!
POLACY W KRAJU I NA EMIGRACJI!
POLACY W NIEWOLI NIEMIECKIEJ!

POSTANOWIENIE
KRAJOWEJ RADY NARODOWEJ O OBJĘCIU ZWIERZCHNICTWA NAD ZWIĄZKIEM PATRJOTÓW POLSKICH W ZSRR

DEKRET
KRAJOWEJ RADY NARODOWEJ O PRZEJĘCIU ZWIERZCHNICTWA NAD ARMJĄ POLSKĄ W ZSRR I O SCALENIU ARMJI LUDOWEJ I ARMJI POLSKIEJ W ZSRR W JEDNOLITE WOJSKO POLSKIE

POSTANOWIENIE
KRAJOWEJ RADY NARODOWEJ O POWOŁANIU NACZELNEGO DOWÓDZTWA WOJSK POLSKICH

NAKŁADEM RESORTU INFORMACJI I PROPAGANDY POLSKIEGO KOMITETU WYZWOLENIA NARODOWEGO

Das Manifest des kommunistischen Lubliner Komitees, 22. Juli 1944, das den Anspruch der polnischen Kommunisten untermauerte, weder die Exilregierung noch die *Armia Krajowa* anzuerkennen.

Die zahlreichen Einwände und Dilemmata einfach durch eine mutige Tat zu zerschlagen und mit dem Recht des Siegers Fakten zu schaffen: Das war es, was sich Komorowski und seine Untergebenen erhofften. Ihre Entscheidung war aber mehr von Wunschdenken als von Realismus getragen, denn die offensichtlichen Risiken wogen schwer. Viele Kommandeure in den Reihen der Warschauer Heimatarmee, die am Folgetag über die Planungen informiert wurden, gingen daher zunächst von einer Art bewaffnetem Bevölkerungsschutz aus, wollten also Übergriffe und Rückzugsverbrechen der Deutschen verhindern.

Derlei Ideen waren unumstritten, selbst im Rat der Nationalen Einheit, der politischen Vertretung der polnischen Parteien, die nun in Warschau zusammenkamen, um die Absichten der Militärs zu billigen. Auf entsprechende Vorlage empfahlen die Politiker, dass die *Armia Krajowa* nach dem Kampfende zwischen Wehrmacht und Roter Armee die Stadt dergestalt besetzen solle, dass zwölf Stunden für die Etablierung einer polnischen Selbstverwaltung blieben. Ein schöner Plan, der freilich eine zentrale Lücke enthielt: Wann wäre von einem Ende der deutsch-sowjetischen Kampfhandlungen zu sprechen?

Die Offiziere der AK konkretisierten ihre Planungen in den nächsten Tagen. Komorowskis einziger Befehl hingegen sah lediglich vor, den Befehlsstand nicht im südwestlichen Stadtteil Mokotów, sondern im zentraleren Wola einzurichten. Am 26. Juli sandte er einen Funkspruch nach London, in dem er den Absprung der in England aufgestellten polnischen Fallschirmjägerbrigade mit ihren gut 2000 Mann forderte. Dass deren Einsatz nicht möglich war, stellte aber auch für die Exilregierung keinen Grund dar, den Aufstand abzusagen – ganz im Gegenteil befürwortete sie die von Komorowski getroffene Entscheidung.

Oberst Antoni Chruściel (»Monter«), der Kommandeur des Warschauer AK-Bezirks, ging zu dieser Zeit davon aus, dass seine Kämpfer vier Tage offensiv gegen die Deutschen vorgehen und danach noch 14 Tage hinhaltenden Widerstand leisten könnten. Tatsächlich aber war der Ausrüstungsstand katastrophal: Lediglich 39 schwere Maschinengewehre sowie 130 leichte, etwas über 600 Maschinenpistolen, 2400 Gewehre, 2800 Pistolen, vier Mörser und 21 britische Panzerabwehrwaffen (PIAT) sowie 36 000 Handgranaten standen zur Verfügung. Für jedes Maschinengewehr gab es allerdings nur etwa 100 Patronen sowie etwa 30 pro Pistole.

Deutsche Soldaten waren in der Stadt präsent und marschierten bewusst auf der zentralen Ost-West-Achse beim Hauptbahnhof. Das zeigt eine Parade am 20. April 1940.

Damit wollte »Monter« allerdings keinen bloßen Bevölkerungsschutz realisieren, sondern Sturmangriffe auf alle strategischen Ziele der Stadt führen. Zugleich sollten im Umland eventuell nachrückende oder aber sich zurückziehende deutsche Einheiten unter Feuer genommen werden. Chruściel rief seine Kämpferinnen und Kämpfer für den 28. Juli zur Bereitschaft auf. In der Nacht zum 29. Juli waren die allermeisten von ihnen an ihren Versammlungspunkten zusammengekommen, was den Deutschen nicht verborgen blieb. Aber sie erwarteten allgemein eine abwartende Haltung der AK, weil sie einen Aufstand schlicht für Selbstmord hielten. Alle wichtigen Punkte in Warschau waren seit Langem gesichert und von Bunkern, Stacheldraht und Maschinengewehren geschützt. Und in den letzten Julitagen marschierten zudem ständig Verstärkungen durch die Stadt in Richtung Front, die ganz bewusst die zentrale Ost-West-Achse über den Hauptbahnhof und die Poniatowski-Brücke wählten, um der Bevölkerung die ungebrochene Moral und Stärke der Wehrmacht zu demonstrieren.

Noch aber hatte Komorowski kein Signal zum Angriff gegeben. Die

Absagen aus London – keine Fallschirmbrigade, vermutlich auch keine Bomber, die Nachschub abwerfen konnten, und eine Verständigung mit der Sowjetunion lag ebenfalls in weiter Ferne – machten jedoch keinen Eindruck. Stattdessen wartete die Führung der Heimatarmee auf die Nachrichten von der sich nähernden Front. Die Geschütze der Roten Armee waren am 30. Juli in den östlichen Stadtteilen bereits zu hören. Doch noch am Morgen des 31. Juli war die AK-Hauptkommandantur gegen einen Aufstand. Um 17 Uhr allerdings trafen sich Okulicki, Pełczyński und Komorowski in dessen konspirativer Wohnung mit Antoni Chruściel. Der berichtete vom Vordringen der Sowjets auf Stadtgebiet östlich der Weichsel und forderte den Befehl zum Aufstand. Komorowski erteilte ihn für den 1. August um 17 Uhr. Einwände zweifelnder Untergebener wischte er beiseite.

Die Rote Armee aber war weit davon entfernt, Warschau einzunehmen. Generalfeldmarschall Walter Model, der Oberbefehlshaber der Heeresgruppe Mitte, hatte die Bedrohung seiner 2. Armee erkannt und führte in einer komplexen logistischen Operation vier schwerbewaffnete Einheiten mit zusammen 223 Panzern und 54 Panzerjägern zu deren Unterstützung heran: Die 4. und die 19. Panzerdivision, die SS-Panzerdivision »Wiking« sowie die Fallschirm-Panzerdivision »Hermann Göring«. Letztere war gemeinsam mit der 73. Infanteriedivision durch Warschau marschiert und hatte am 28. und 29. Juli die sowjetischen Spitzen im Osten der polnischen Hauptstadt aufgehalten – das hätte der AK-Führung zumindest zu denken geben können.

Die deutschen Panzerdivisionen trafen aus vier unterschiedlichen Richtungen im Raum von Wołomin und Radzymin ein und schlossen am 1. August bei Okuniew den Kessel um das sowjetische III. Panzerkorps. Unter Models persönlicher Führung gelang bis zum 4. August die vollständige Vernichtung des eingeschlossenen Gegners. Es war dieser Sieg der Wehrmacht, der den völligen Zusammenbruch der Ostfront hinauszögerte. Rokossowskis 2. Armee, die einst mehr als 800 gepanzerte Fahrzeuge gezählt hatte, war wegen weiterer heftiger Schläge auch gegen das VIII. und das XVI. Panzerkorps auf ein Drittel ihrer Stärke reduziert. Und obwohl Model seine Divisionen nun bereits wieder abziehen und gegen den Brückenkopf von Magnuszew richten musste, war die Rote Armee in den nächsten etwa zehn Tagen nicht in der Lage, einen Angriff auf die polnische Hauptstadt zu beginnen.

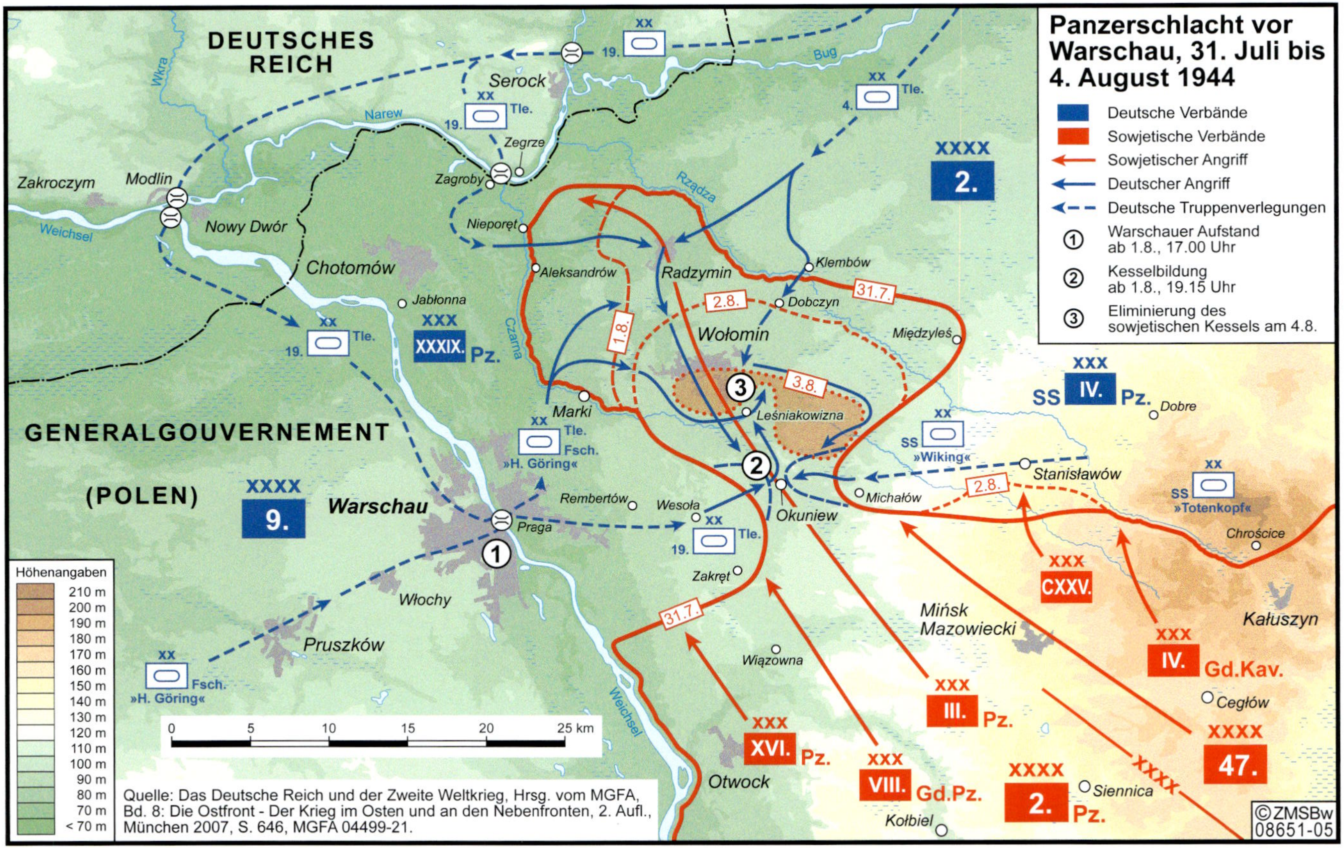

Panzerschlacht vor Warschau, 31. Juli bis 4. August 1944
Deutsche Verbände
Sowjetische Verbände
Sowjetischer Angriff
Deutscher Angriff
Deutsche Truppenverlegungen
① Warschauer Aufstand ab 1.8., 17.00 Uhr
② Kesselbildung ab 1.8., 19.15 Uhr
③ Eliminierung des sowjetischen Kessels am 4.8.
DEUTSCHES REICH
GENERALGOUVERNEMENT
(POLEN)
Warschau
Praga
Serock
Zegrze
Zagroby
Modlin
Zakroczym
Nowy Dwór
Chotomów
Jabłonna
Nieporęt
Aleksandrów
Radzymin
Klembów
Dobczyn
Wołomin
Międzyleś
Marki
Leśniakowizna
Okuniew
Michałów
Stanisławów
Dobre
Chroscice
Kałuszyn
Cegłów
Rembertów
Wesoła
Zakręt
Wiązowna
Włochy
Pruszków
Otwock
Kołbiel
Siennica
Mińsk Mazowiecki
Weichsel
Narew
Bug
Wkra
Rządza
Czarna
XXXX 2.
XXXX 9.
XXX XXXIX. Pz.
XXX SS IV. Pz.
XX SS »Wiking«
XX SS »Totenkopf«
XX 19. Tle.
XX 4. Tle.
XX Tle. Fsch. »H. Göring«
XX Fsch. »H. Göring«
XXX XVI. Pz.
XXX VIII. Gd.Pz.
XXX III. Pz.
XXX CXXV.
XXX IV. Gd.Kav.
XXXX 47.
XXXX 2. Pz.
31.7.
1.8.
2.8.
3.8.
0 5 10 15 20 25 km
Höhenangaben
210 m
200 m
190 m
180 m
170 m
160 m
150 m
140 m
130 m
120 m
110 m
100 m
90 m
80 m
70 m
< 70 m
Quelle: Das Deutsche Reich und der Zweite Weltkrieg, Hrsg. vom MGFA, Bd. 8: Die Ostfront - Der Krieg im Osten und an den Nebenfronten, 2. Aufl., München 2007, S. 646, MGFA 04499-21.
©ZMSBw 08651-05

Das war die Ausgangslage, als der Warschauer Aufstand losbrach. Polnische Politiker wie Militärs hatten eine Revolte bis weit in den Sommer 1944 hinein nicht zuletzt deshalb abgelehnt, weil sie die Gefahren für die Zivilbevölkerung als viel zu groß einschätzten. Auch ihre Beurteilung der sowjetischen Haltung war realistisch: Von der Roten Armee war kein Entgegenkommen zu erwarten, Moskau hatte mehr als deutlich gemacht, dass es die Exilregierung und ihre Vertreter im Lande nicht anerkennen würde. Und selbst wenn niemand mit dem unerwarteten deutschen Erfolg vor Warschau gerechnet hätte, wäre der ungebrochene Durchhaltewille der Wehrmacht durchaus sichtbar gewesen. Notwendig und erfolgversprechend war der Aufstand deshalb keinesfalls, ganz im Gegenteil sprachen beinahe alle sachlichen Argumente dagegen. Er begann, weil die Kommandeure der *Armia Krajowa* sich dazu verpflichtet fühlten und die Exilregierung in London sich einen politischen Vorteil davon erhoffte. Beide verband derselbe Wunsch: Sie wollten Polens Freiheit selbst erkämpfen.

↗ Aufständische in Warschau, Anfang August 1944

5 Der Beginn des Aufstands

Die *Armia Krajowa* glaubte an einen Erfolg in Warschau. Und es ging ihr nicht um Verteidigung und hinhaltenden Widerstand: »Bór« Komorowski hatte den Befehl zum Angriff auf die Deutschen erteilt. Die polnische Hauptstadt sollte am 1. August 1944 befreit werden.

Oberst Antoni »Monter« Chruściel, der Warschauer Befehlshaber der Heimatarmee, hatte 45 000 Menschen unter seinem Kommando, die sich auf acht Distrikte verteilten. Davon befanden sich sechs auf dem linken Weichselufer und einer im rechtsufrigen Praga. Der achte umfasste die unmittelbare Umgebung der Stadt. Die Einheiten waren in der Regel nach den Geheimnamen ihrer Kommandeure benannt und wurden ständig umgruppiert. Bezeichnungen wie Kompanie, Bataillon, Regiment, Gruppe oder Gruppierung blieben willkürlich und sagen kaum etwas über die Mannschaftsstärke aus.

Propagandaplakat: »Jede Kugel ein Deutscher«

Klar aber ist, dass sich für den Aufstand im Stadtgebiet knapp 25 000 Angehörige der AK in annähernd 600 Formationen bereithielten, in der überwiegenden Mehrzahl Männer, aber eben nicht nur: Die etwa zehn Prozent Frauen in der Heimatarmee waren seit Oktober 1943 den Männern gleichgestellt. Zwar übernahmen sie meist weiblich konnotierte Tätigkeiten wie den Sanitätsdienst. Doch es gab Ausnahmen wie etwa die 1909 geborene Elżbieta Zawacka, die als Kurierin mehrfach von Polen nach London reiste und sich als einzige Fallschirmspringerin des Untergrunds bald einen legendären Ruf erwarb. Als Ausbilderin instruierte sie die *Chichociemni*, und während des Aufstands inspizierte sie im Range eines Hauptmanns diverse zivilmilitärische Einrichtungen in Warschau – freilich ohne ihr ersehntes Kommando zu erhalten.

Allerdings waren die meisten der im Widerstand engagierten Menschen nicht bewaffnet. Die große Mehrzahl von ihnen hatte vor August 1944 ein Doppelleben geführt und war konspirativen Tätigkeiten, wie etwa dem Sammeln und Verbreiten von Informationen, nur außerhalb eines legalen Zivilberufs nachgegangen. Nur wenige Führungspersonen verfügten tatsächlich über eine gefälschte Kennkarte und lebten dauerhaft im Untergrund, so wie beispielsweise Zawacka oder Leutnant Jan Karski, der vielleicht berühmteste Kurier der *Armia Krajowa*. Auch ein Kommandeur wie Tadeusz Komorowski fiel in diese Kategorie, die hauptsächlich Angehörige der alten Eliten umfasste, die von der Gestapo seit 1939 verfolgt wurden. Aktive Kämpfer und Partisanen bildeten den kleinsten Teil des Untergrunds, und unter ihnen bildeten Frauen wiederum eine Minderheit.

Der Wechsel tiefer hinein in den konspirativen Untergrund war möglich, in die andere Richtung funktionierte dies in aller Regel nicht. Allerdings gab es während der Besatzung einen durchaus dynamischen Aufwuchs und vor allem eine Verjüngung der *Armia Krajowa*. Wo anfangs die Offiziere der alten Armee überwogen, dominierten später zumindest zahlenmäßig die Mitglieder von Pfadfindergruppen und anderen Jugendorganisationen. Der militärischen Professionalisierung war das nur sehr bedingt zuträglich.

Nicht zuletzt vor diesem Hintergrund ging das Armeeoberkommando 9 noch am 26. Juli von einer weiterhin passiven Haltung der *Armia Krajowa* aus: »Ein Aufstand größeren Stils wird nicht erwartet.« Doch am 1. August 1944 kam es bereits vor 17 Uhr zu ersten gewaltsamen Auseinandersetzungen. Manche Aufständische waren so selbstbewusst, dass sie ihre Waffen auf dem Weg zu den Sammelpunkten nur notdürftig verdeckten. Das fiel deutschen Patrouillen selbstverständlich auf, weshalb es zu Schusswechseln kam. So zeichnete sich für die Besatzer immer deutlicher ab, dass sie mit polnischen Angriffen rechnen mussten, und bereits für 16:30 Uhr riefen sie den Alarmzustand aus.

Die Ausrüstung der Aufständischen war oft vollkommen unzureichend, August 1944.

Die deutschen Soldaten sahen sich auf einen Angriff gut vorbereitet. Überall in Warschau sicherten Bunker mit Maschinengewehrständen, einklappbare Panzerplatten oder Stacheldrahtverhaue die neuralgischen Punkte und die deutschen Einrichtungen, auch als abschreckendes Zeichen deutscher Herrschaft. Schon alleine deswegen schien Rainer Stahel, der am 27. Juli zum neuen Stadtkommandanten ernannt worden war, die Bedrohung durch die Polen nicht übermäßig groß. In sowjetischer Kriegsgefangenschaft erklärte er 1945: »Ernstlich hatte niemand an einen polnischen Aufstand gedacht, da ein solcher aussichtslos erschien. Bei dem unberechenbaren Temperament wurde er jedoch für möglich gehalten. Diese Möglichkeit schien so gering, dass auf die Bereitstellung von Truppen und schwer bewaffneter Polizei verzichtet wurde.«

Und so waren der Wehrmachtkommandantur in den allerersten Tagen des Aufstands nur rund 5500 Mann des Heeres unterstellt. Dazukamen weitere 4300 Angehörige von SS und Polizei, 1300 der Luftwaffe und die rund 1000 Mann der Fallschirm-Panzerdivision »Hermann Göring« sowie des die Brücken sichernden Pionier-Bataillons 654. Zusammen stellten sie auf den ersten Blick durchaus eine nennenswerte Stärke dar. Tatsächlich waren aber wohl lediglich etwa 5000 deutsche Soldaten voll einsatzfähig. Die anderen waren entweder zu wenig ausgebildet oder unzureichend bewaffnet, sodass sie kaum zu offensiven Tätigkeiten eingesetzt werden konnten.

Auf der polnischen Seite sah es nicht besser aus. Bei der *Armia Krajowa* mussten sich im Schnitt zwei Aufständische drei Granaten teilen. Nur für jeden achten von ihnen gab es eine Pistole, einer von zwölf er-

Typische deutsche Befestigungen in Warschau, Juli 1944

Eine Waffenschmiede der Aufständischen, Boduena-Str. 2, August 1944

hielt ein Gewehr. Weitere Schwierigkeiten traten hinzu: Im Distrikt Wola etwa befand sich das Hauptwaffenlager in einer Gärtnerei, in der aber Soldaten der Division »Hermann Göring« einquartiert waren, weshalb das Depot nicht zur Verfügung stand. Etwa 1050 von rund 2700 AK-Mitgliedern waren in der Gegend tatsächlich dem Ruf zu den Sammelstellen gefolgt. Sie mussten sich 200 Schusswaffen teilen, darunter vier schwere Maschinengewehre. Viele potenzielle Aufständische zogen daher aus der Stadt ab und begaben sich in die westlich von Warschau gelegene Puszcza Kampinoska, eine große, weitgehend unerschlossene Heidelandschaft, die sich fest in der Hand der Heimatarmee befand. Dort endlich gab es die ersehnten Waffen, und nach längeren Märschen konnten die Kämpfer einige Tage später in den nördlichen Stadtbezirk Żoliborz geführt werden.

Der *Armia Krajowa* standen in Wola 3500 deutsche Soldaten gegenüber, die sogar über rund 20 gepanzerte Fahrzeuge verfügten. Sie wehrten auch die polnischen Eliteeinheiten unter Oberst Jan Mazurkiewicz (»Radosław«) schnell ab, zumal diese nicht auf wenige strategische Punkte konzentriert waren, sondern ihre Angriffe gegen zahlreiche unterschiedliche Orte richteten. So konnten die Besatzer die wichtige Bahnlinie ins Zentrum halten, die es ihnen erlaubte, Nachschub sogar ans östliche Weichselufer zu fahren. Aber es gelang den Aufständischen, am Opolski-Platz ein Lager mit SS-Uniformen zu erobern, die sie sogleich anzogen – immer kombiniert mit der weiß-roten Armbinde mit dem AK-Symbol.

Dieses Abzeichen war der Versuch, trotz uneinheitlicher Bekleidung als Soldat identifizierbar zu sein. Dieser eigene Anspruch verband sich mit dem kriegsrechtlichen Problem, dass Zivilistinnen und Zivilisten jegliche Kampfhandlungen untersagt waren und diese mit der Todesstrafe geahndet werden durften. Mit der Kennzeichnung postulierte die *Armia Krajowa*, regulärer Kriegsteilnehmer zu sein. Von dieser weiß-roten Form wich nur der 535. Zug der *Armia Krajowa* ab, der »Slowakische Zug«: Er hatte rot-weiß-blaue Armbänder mit dem slowakischen Wappen, weil 28 seiner 57 Mitglieder aus der Slowakei stammten.

In Wola verzeichnete die Heimatarmee an jenem ersten Aufstandstag kaum Erfolge gegen die Deutschen. Die Stimmung der demoralisierten Kämpfer weckte vor allem die Sympathie der Bevölkerung, die beim Errichten von Straßenbarrikaden half und deren Begeisterung ansteckend wirkte. So gelang es immerhin, in der Gegend des großen jüdischen Friedhofs einige Warschauer Straßenzüge zu besetzen. Dort, in der ehemaligen Möbelfabrik Kamler, bezog die Hauptkommandantur der AK ihr Quartier und wartete auf Kuriere aus den anderen Stadtvierteln.

Doch wie Chruściel ernüchtert feststellen musste: »Meldegänger – die einzigen Verbindungsmittel – fallen offenbar unterwegs«. Und so war es für beide Seiten schwierig, die Entwicklungen korrekt zu beurteilen, denn für die Besatzer war es kaum einfacher, Informationen zu

Das Abzeichen des 535. Zuges (Slowakischer Zug) der AK

Barrikaden und menschenleere Straßen im nördlichen Teil des Stadtzentrums, August 1944

übermitteln: Es gab in der ganzen Stadt anhaltende Gefechte und ständige Schießereien. Die Herrschaft über Straßenzüge und einzelne Gebäude wechselte hin und her, Gerüchte machten die Runde. Niemand verfügte über ein präzises Lagebild.

Komorowski zog in der Nacht mit seinen Untergebenen eine erste gemischte Bilanz: Die Überrumpelung der Deutschen war an vielen Stellen in Warschau gelungen, aber wichtige strategische Ziele blieben unerreicht. Die Weichselbrücken waren nach wie vor in der Hand der Wehrmacht. Am Schlossplatz in der Altstadt, an den Flughäfen Okęcie und Bielany sowie im sogenannten Deutschen Viertel rund um das Polizeihauptquartier in der Szucha-Straße hatten sich die Besatzer ebenfalls halten können. Und im Sächsischen Palais sowie daneben im Palais Brühl waren Stadtkommandant Stahel und Gouverneur Ludwig Fischer zwar eingeschlossen, verteidigten sich aber zäh.

Die fehlgeschlagenen Angriffe waren teils fatal gewesen: In Okęcie musste die *Armia Krajowa* 120 Tote beklagen, beim Angriff auf die Kierbedź-Brücke direkt unterhalb der Altstadt waren es 42, und den Sturm auf die Luftwaffenkaserne südlich des Zentrums überlebte annähernd nur ein Dutzend von 120 Männern. Allein am ersten Tag des Aufstands fielen rund zehn Prozent der Warschauer Heimatarmee-Angehörigen bei Sturmangriffen, die zugleich den großen Mut und die mangelnde militärische Ausbildung der Kämpfer belegten.

Immerhin befand sich das ganze Zentrum nördlich und südlich des Hauptbahnhofs in den Händen der Aufständischen. Auch die Altstadt, das moderne, in der Zwischenkriegszeit erbaute Quartier Żoliborz, das südliche Mokotów und Czerniaków hatten »Monters« Kämpfer erobern können. Rund die Hälfte des Stadtgebiets war unter ihrer Kontrolle. Außerdem erwiesen sich symbolische Erfolge wie die Eroberung des der Versicherung Prudential gehörenden Hochhauses, mit 68 Metern das höchste Gebäude Warschaus, auf dem sofort eine große weiß-rote Flagge gehisst wurde, als äußerst wichtig für die eigene Kampfmoral.

Doch die *Armia Krajowa* hatte unterschätzt, dass selbst erschöpfte und schlecht ausgerüstete deutsche Soldaten während des Krieges bereits mehrere Jahre in feindlicher Umgebung agiert hatten. Eine ganz wesentliche Erfahrung war, dass nur Zusammenhalt das Überleben sicherte, während Flucht oder Passivität den sicheren Tod bedeuteten: Partisanen machten in der Regel keine Gefangenen, schlicht weil sie gar nicht wussten, wie sie diese unterbringen oder verpflegen sollten. Zu Erschießungen von deutschen Soldaten kam es deshalb auch in Warschau.

Sich ergebende reguläre Wehrmachtsangehörige wurden jedoch meist ordentlich behandelt. Der am ersten Tag gefangengenommene ranghöchste Offizier, Major Max Dirske, kam beispielsweise nach 63 Tagen wieder frei. Doch nach fünf Jahren Besatzung richtete sich die Wut der Polen vor allem gegen Mitglieder der SS sowie nichtdeutscher Truppen und Angehörige der deutschen Minderheit aus Vorkriegspolen. Die belagerten deutschen Besatzer dachten deshalb nicht daran, sich den Angreifern zu ergeben – und gerade weil die polnischen Aufständischen gewissermaßen überall waren und sich nicht auf bestimmte Punkte konzentrierten, waren die Angegriffenen nur selten einer drückenden Übermacht ausgesetzt.

Allerdings mussten auch die Deutschen am 2. August ein ernüchterndes Zwischenfazit ziehen:

> »Kommandeur Warschau meldet, Lage sehr sehr ernst. Mehrere lebenswichtige Einrichtungen in Hand der Banditen oder stark bedroht. Einzelne unserer Stützpunkte bereits niedergekämpft. Licht und Telefon noch intakt. Fernsprechamt Praga verloren. Aufstand über gesamtes Stadtgebiet verteilt. Keine Reserven vorhanden.«

In diesen Worten fasste Ernst Kaltenbrunner für die SS die Situation zusammen. Sie war offiziell für Widerstandsbekämpfung zuständig, und die 9. Armee zeigte kein Interesse daran, ihr diese Kompetenz streitig zu machen. Die Wehrmacht sah ihre Hauptaufgabe im Kampf mit der Roten Armee; die polnische Erhebung fand sie vor allem unbequem und lästig und wollte möglichst keine weiteren Einheiten dafür abstellen. Vor Ort hinderte das Rainer Stahel allerdings nicht an einer realistischen Beurteilung. Er schätzte die Verluste auf etwa 500 Mann und meldete seinem Armeeoberkommando am selben Tag:

> »Die Taktik des Feindes besteht darin, zunächst kleinere, dann immer größere Stützpunkte anzugreifen und zu erledigen. Z[ur] Z[eit] wird das Postgebäude mit Granatwerfern, Minen und Handgranaten so stark angegriffen, dass bislang die beiden Seitenflügel aufgegeben

Die in deutscher Hand befindliche Kierbedź-Brücke mit Blick auf die umkämpfte Altstadt

nach Łomianki
Fort I
Bielany
Bielany
Weichsel
nach Modlin, Danzig
Pelcowizna
Gde. Bródno
Bródno
Marymont
Prager Bhf.
Targówek
Fort Jasińskiego
Żoliborz
Zitadelle
Gde. Młociny
Danziger Bhf.
Untere Eisenbahn-Brücke
Zool. Garten
Wilnaer Bhf.
Fort Bema
Powązki
Alt-stadt
Praga
Kamio
Warschau Ost
Kierbedź-Brücke
Koło
Powiśle
Obere Eisenbahn-Brücke
Paderewski-Park
Wola
Poniatowski-Brücke
Saska Kępa
Haupt-bahnhof
Gas-werk
Czyste
Wasser-werk
nach Thorn, Posen
Warschau West
Ochota
Łazienki-Park
Mokotów
nach Lodz und zum Ver-nichtungs-lager Auschwitz
Fort Szczęśliwice
Sielce
Rakowiec
Fort Rakowiec
Mokotów
Czerniaków
Fort Mokotów
Gde. Okęcie
Fort Piłsudskiego
Fort VI
Okęcie
Fort VII
Fort VIIa
nach Radom, Kielce, Krakau
0
2 500 m

Warschau zur Zeit der deutschen Besatzung (Anfang August 1944)

- Hauptdurchfahrtsstraße
- Eisenbahn-Hauptstrecke mit Hauptumstiegsknoten
- Eisenbahn-Nebenstrecke, sowie größere Güterbahnhöfe
- Stadtgrenze Warschau
- ***Wola*** Stadtbezirke
- *Sielce* Stadtteil (Auswahl)
- Geschlossene Bebauung
- Offene Bebauung
- Park, Garten, Grünfläche
- Wald
- Friedhof

1. Powązki-Friedhof
2. Königliches Schloss am Schlossplatz (bereits 1939 durch deutsche Bombenangriffe weitgehend zerstört)
3. Rathaus
4. Sächsischer Garten
5. Fernsprechamt
6. Postministerium und Hauptpostamt
7. Universität
8. Elektrizitätswerk

- Festungsanlage aus dem 19. Jahrhundert; Zitadelle und deren Forts, sowie Forts des inneren und äußeren Verteidigungs-ringes
- Flugplatz

Von Deutschen errichtete Institutionen (Auswahl)

- Ehemaliges Warschauer Ghetto in seiner maximalen Ausdehnung 1940/41
- Systematisch gesprengter Stadtteil Muranów nach der Niederschlagung des Aufstands im Warschauer Ghetto
- Konzentrationslager Warschau von Juli 1943 bis August 1944 auf den Ruinen des Warschauer Ghettos
- Große Kasernen- und Militärkomplexe

1. »Umschlagplatz« Sammlungs- und Abfahrtsort der Deportationszüge aus dem Ghetto im westlichen Teil des Danziger Güterbahnhofs
2. »Gęsiówka«-Gefängniskomplex/Standort des KZ Warschau
3. »Pawiak«-Gefängniskomplex unterteilt in Männer- (»Pawiak«) und Frauenabteilung (»Serbia«)
4. Mokotów-Gefängnis

»Regierungsviertel«

5. »Blank-Palais« Sitz des Stadthauptmanns von Warschau Ludwig Leist
6. »Deutsches Haus« ehemals »Radziwiłł-Palais« und Präsidentenpalast
7. »Brühlsches Palais« Sitz des Gouverneurs des Distrikts Warschau Ludwig Fischer
8. »Sächsisches Palais« Sitz des Stadtkommandanten von Warschau Rainer Stahel
9. Polizeipräsidium

»Polizeiviertel«

10. 2 Bataillone der Schutzpolizei ehemals Parlamentskomplex (Sejm)
11. »Leszczyński-Palais« Hauptquartier des SS- und Polizeiführers Paul Otto Geibel
12. Hauptquartier der Kriminalpolizei
13. Hauptquartier der Sicherheitspolizei (SiPo), des SS-Sicherheits-dienstes (SD) und der Geheimen Staatspolizei (Gestapo), Untersuchungsgefängnis Gestapo, ehemals »Ministerium für religiöse Konfessionen und Volksaufklärung«
14. Hauptquartier des Kommandeurs der Ordnungspolizei (OrPo) ehemals Rechnungshof
15. Hauptquartier der Gendarmerie

werden mussten. Die gut ausgebildeten, gut bewaffneten Belagerer der Stützpunkte haben sich bei ihren Angriffen so stark gemacht, dass ein Entsatz von außen bisher selbst mit Panzern nicht möglich war, sobald ein Stützpunkt vom Gegner energisch berannt wurde. [...] Es wird notwendig, Verstärkungen von außen mit Sturmpionieren, Flammenwerfern, Infanteriegeschützen, Granatwerfern, Brandmitteln, um Häuser anzuzünden sowie Äxten zum Einschlagen von Türen auszurüsten.«

Warschau war für beide Seiten ein schwieriges Terrain. Der Heimatarmee boten sich wenige natürliche Hindernisse oder Verstecke, lediglich am Weichselufer gab es eine Böschung. Doch der Fluss stellte auch eine Trennlinie dar, welche die Deutschen hielten, was einen Zusammenschluss der polnischen Verbände des östlichen und westlichen Ufers verhinderte. Im Norden und auch im Süden hingegen reichten dichte Wälder direkt an die Stadtgrenze heran, die von den Aufständischen für Nachschub und zugleich als Rückzugsgebiet genutzt werden konnten.

Allerdings lag im Norden zwischen dieser Gegend und dem Stadtzentrum auch die vormals zarisch-russische Zitadelle. Sie war zwar militärisch veraltet, erfüllte aber nach wie vor ihren Hauptzweck als Zwingburg der Warschauer: Angreifer ohne schwere Waffen ließen sich auch hinter den dicken Backsteinmauern des 19. Jahrhunderts abwehren. Mit den dazugehörigen kleineren Forts verfügten die Besatzer damit über mehrere im Grunde uneinnehmbare Stützpunkte, von denen aus sich auch einfach Artillerie einsetzen ließ. Noch wichtiger aber war es, dass die Wehrmacht die von West nach Ost verlaufenden Bahndämme verteidigte, die ihr mittelfristig Verstärkung und darüber hinaus sogar die Verlegung von Truppen an die Front im Osten ermöglichten.

Dank den Anlagen der Zitadelle unterbanden die Deutschen so einen Zusammenschluss der Aufständischen in den nördlichen mit denen in den südlichen Stadtteilen. Sie kontrollierten die Bewegungen in Warschau und waren selbst in der Lage, relativ frei ihre Truppen zu verlegen. In den Worten von Antoni »Monter« Chruściel: »Wir alle haben unterschätzt, wie wichtig es war, sich an den Kreuzungen der Hauptverkehrsstraßen zu platzieren.«

Andererseits sah die Innenstadt in jener Zeit anders aus als heute, da der Wiederaufbau nach der Zerstörung durch die Deutschen breite

Schneisen und ganz neue Viertel schuf: Verwinkelte, kleinere Straßen und die in der Altstadt oft miteinander verbundenen Keller erleichterten dem Untergrund das Manövrieren. Außerdem waren die zentralen Viertel übergangslos miteinander verwachsen, weshalb sie nicht einzeln eingekesselt werden konnten. Wo das möglich war, etwa in Mokotów oder Czerniaków, erfolgte nach einem Einschluss der Zusammenbruch innerhalb weniger Tage.

Noch aber waren die Angreifenden im Vorteil. Am 3. August erbeuteten sie die ersten deutschen Panzer, die sie später für die Befreiung des Konzentrationslagers Warschau nutzten. Und in der Nacht vom 4. auf den 5. August tauchte zum ersten Mal ein im italienischen Brindisi gestarteter britischer Bomber über der Stadt auf, der über dem Krasińskich-Platz Nachschub abwarf. Inzwischen war die ganze Altstadt unter Kontrolle der Heimatarmee, das wichtige Elektrizitätswerk, außerdem das Rathaus und die Hauptpost – sowie das nun aufgelöste Konzentrationslager Warschau.

Vor allem aber waren das symbolische Erfolge. Die *Armia Krajowa* war davon ausgegangen, etwa 48 Stunden lang angreifen zu können. Das hatte sie mit großem Hurra getan und dabei einiges erreicht. Ohne substanziellen Nachschub aber beschränkten sich ihre Möglichkeiten mehr und mehr auf hinhaltende Verteidigung. Die eingeflogene britische Lieferung war ein Tropfen auf den heißen Stein. So blieb einzig die Hoffnung, dass die Rote Armee bald in die Stadt einmarschieren würde – dieser wollte man spätestens am siebten Tag des Aufstands entgegentreten.

Doch die sowjetischen Truppen kamen nicht. Zudem schlugen die Deutschen im östlich der Weichsel gelegenen Viertel Praga bereits am 3. August jegliche polnischen Aktivitäten nieder. Das ermöglichte einer Panzerabteilung, über die zentrale Ost-West-Verbindung von Jerozolimskie-Allee und Poniatowski-Brücke in Richtung Front zu marschieren. Die in der Stadt errichteten Barrikaden mussten polnische Zivilisten beseitigen, die als menschliche Schutzschilde vor der Einheit hergetrieben und – immerhin – bei Ankunft an der Brücke entlassen wurden.

Und weil die Deutschen bereits am 2. August den erneuten Angriff auf den Flugplatz Bielany abgewehrt hatten, konnte die Stadtkommandantur einen Tag später damit beginnen, Luftangriffe fliegen zu lassen. Zum Einsatz kamen Ju 87 »Stukas« der 1. Gruppe des Schlachtgeschwa-

Stuka-Angriff auf Warschau, August 1944

ders 1 sowie der 4. Gruppe des Schlachtgeschwaders 77, vereinzelt außerdem Me 109-Jagdflugzeuge. Zusammen operierten sie bis Mitte August gegen die Aufständischen, danach blieb nur noch eine aus vier »Stukas« bestehende Gruppe von Oberleutnant Hans-Jürgen Klußmann auf dem Fliegerhorst von Okęcie. Bei insgesamt 1408 Flügen wurden 1580 Tonnen Bomben abgeworfen. Deren militärische Bedeutung blieb allerdings im Unterschied zur psychologischen Wirkung und vor allem der schieren Zerstörung von Gebäuden gering.

Die *Armia Krajowa* kontrollierte nie wieder so große Flächen von Warschau wie am Morgen des 5. August 1944. Jedoch waren nun auf der Gegenseite substanzielle Verstärkungen eingetroffen, womit sich die Einsatzstärke der deutschen Kräfte verdoppelt hatte. Die Organisation dieser Einheiten oblag nun einzig Heinrich Himmler und der SS. Himmler wollte auch und gerade der Wehrmacht, die sich für die Niederschlagung des Aufstands als nicht zuständig erklärt hatte, beweisen, was er konnte. Er beauftragte damit nicht den von Aufständischen belagerten Warschauer SS- und Polizeiführer Paul Otto Geibel, sondern den Höheren SS- und Polizeiführer Warthegau, Heinz Reinefarth.

Heinz Reinefarth

Heinz Reinefarth wurde 1903 in Gnesen geboren, dem heutigen Gniezno, in der damaligen preußischen Provinz Posen. Noch als Kind zog er mit seiner Familie nach Cottbus um. Er studierte später Jura und trat 1932 NSDAP und SS bei. Als Rechtsanwalt machte er in der SS ehrenamtliche Karriere, aber 1939 zog ihn die Wehrmacht als Schütze ein. Nach dem Krieg gegen Polen erhielt Reinefarth zunächst eine Unteroffizier- und dann eine Offizierausbildung. Während des Feldzugs in Frankreich wurde er als Zugführer im Infanterieregiment 337 mit dem Ritterkreuz zum Eisernen Kreuz ausgezeichnet. Im Sommer 1942 schied er als Leutnant der Reserve aus der Wehrmacht aus, weil er in Russland schwere Erfrierungen erlitten hatte.

Die SS schickte den SS-Standartenführer nun als Generalinspekteur der Verwaltung in das Protektorat Böhmen und Mähren, wo er bis Mitte 1943 tätig war. Danach tat er Dienst im Berliner Hauptamt Ordnungspolizei der SS. Am 29. Januar 1944 übernahm er den Posten des Höheren SS- und Polizeiführers (HSSPF) im Wartheland und kehrte damit in seine Geburtsregion zurück. Er war dort unter anderem für die Auflösung des Gettos Litzmannstadt und die Ermordung von dessen Insassinnen und Insassen im Vernichtungslager Kulmhof zuständig. Für die Niederschlagung des Warschauer Aufstands erhielt er später das Eichenlaub zum Ritterkreuz.

Als SS-Gruppenführer und Generalleutnant der Polizei kommandierte Reinefarth im Februar 1945 die Festung Küstrin, brach entgegen der Befehle mit seinen Truppen aus und wurde dafür zum Tode verurteilt. Reinefarth ergab sich stattdessen den Briten. Nach drei Jahren in Kriegsgefangenschaft gelang es ihm, eine Auslieferung nach Polen zu verhindern, indem er mit dem amerikanischen Criminal Investigation Command zusammenarbeitete. Er ließ sich auf Sylt nieder, war von 1951 bis 1964 Bürgermeister von Westerland und wurde 1958 für den Gesamtdeutschen Block / Bund der Heimatvertriebenen und Entrechteten auch in den Landtag von Schleswig-Holstein gewählt. Ohne für seine Taten je zur Rechenschaft gezogen worden zu sein, starb Reinefarth 1979 auf Sylt.

Himmler unterstellte Reinefarth seinem »Chef der Bandenkampfverbände«, SS-Obergruppenführer Erich von dem Bach, der ab 14. August auch offiziell eine nach ihm benannte Korpsgruppe befehligte. Von dem Bach hatte sich insbesondere in der besetzten Sowjetunion durch exzessive Gewalt gegen Zivilistinnen und Zivilisten bei der Bekämpfung der Partisanenbewegung hervorgetan. Er schlug sein Hauptquartier in Sochaczew auf, etwa 40 Kilometer westlich von Warschau, wohin auch die deutsche Verwaltung evakuiert worden war. Später verlegte er es auf einen Landsitz im heutigen Warschauer Vorort Ożarów, immer noch fast zehn Kilometer von der Schlacht entfernt.

Reinefarth griff im Sommer 1944 für seine Kampfgruppe wahllos auf alle Truppen zurück, die im Warthegau verfügbar waren: Neben Kompanien der Infanterieschule V in Posen oder der Junkerschule der Waffen-SS im nahe gelegenen Owińska waren das deutsche Polizisten aus dem besetzten Westpolen, wobei es sich vielfach um »Volksdeutsche« handelte. Außerdem wurden Reinefarth Männer der SS-Sturmbrigade RONA (Russische Volksbefreiungsarmee) des Kollaborateurs Bronislaw Kaminski zugewiesen, die in Warschau unter dem Kommando von SS-Sturmbannführer Iwan Frolow standen. Das waren russische Freiwillige, die wegen ihrer sadistischen Brutalität im »Bandenkampf« besonders berüchtigt waren. Ein ähnlicher Ruf hing auch zwei Kompanien des aserbaidschanischen II. Bataillons nach. Ebenfalls für notorische Kriegsverbrechen im »Bandenkampf« bekannt war die SS-Brigade Dirlewanger, die ihre 1. Kompanie abstellte: In dieser »Bewährungseinheit« dienten Kriminelle und straffällig gewordene SS-Männer.

Folglich befanden sich am Abend des 4. August rund 11 000 Mann in Stellungen am westlichen Warschauer Stadtrand. Gegen die Rote Armee waren sie kaum einsatzfähig, zumal auch ihre Ausrüstung schlecht blieb. Gegen angebliche und tatsächliche Partisanen hatten sie das durch Rücksichtslosigkeit und Gewaltorgien mehr als wettgemacht – was sie in den Augen Himmlers und von dem Bachs bestens für den Einsatz in Warschau qualifizierte.

↗ **Alltagsleben im Aufstand: eine Hochzeit in einer provisorischen Kapelle, August 1944**

6 Die Warschauer Bevölkerung im Aufstand

Czesław Miłosz, der Literat und spätere Nobelpreisträger, wurde vom Beginn des Aufstands genauso überrascht wie die Mehrheit der Warschauer Bevölkerung. Er machte gerade mit seiner Frau einen Spaziergang, als die ersten Schüsse fielen. Schnell suchte das Paar Deckung, bewegte sich halb kriechend nur langsam voran und erreichte glücklich doch noch sein Ziel. Es war eine Lektion, die für die nächsten Wochen von entscheidender Bedeutung war:

»Man soll am Beginn eines Spaziergangs niemals sicher sein, dass man nach Hause zurückkehren wird, und zwar nicht nur, weil uns etwas zustoßen könnte, sondern auch, weil das Zuhause aufhören könnte zu existieren.«

Trotz der allgegenwärtigen Schießereien, Explosionen und Toten war die Stimmung unter den rund 720 000 Warschauerinnen und Warschauern westlich der Weichsel in den ersten Tagen des August meist euphorisch: Endlich gab es einen Kampf gegen die Deutschen, endlich wieder Freiheit. Gerüchte über das Eintreffen der Roten Armee, die bald die restlichen Besatzer vertreiben würde, machten die Runde. Weiß-rote Flaggen wehten an vielen Häusern als sichtbares Zeichen der Sympathie mit der *Armia Krajowa.* »Die Haltung der Bevölkerung gegenüber den Kämpfenden ist so herzlich und hilfsbereit, dass sich die Grenze zwischen Kämpfenden und Mitwirkenden verwischt.«

Daran erinnerte sich Władysław Bartoszewski, der nach 1990 polnischer Außenminister werden sollte. Für die meisten Menschen – nicht alle natürlich, denn gar nicht so wenige lehnten den Aufstand ab und hielten ihn schlicht für ein Selbstmordkommando – in der Stadt war es selbstverständlich, die eigenen Bedürfnisse nach Sicherheit zurückzustellen, wenn es der gemeinsamen Sache diente. Aber ihre offene Unterstützung erschwerte den Deutschen nicht nur die Unterscheidung zwischen Kombattanten und Unbeteiligten, sie diente diesen auch und vor allem als Ausrede für die unterschiedslose Anwendung von Gewalt.

Gerade deswegen aber war die Heimatarmee angetreten: Um Polinnen und Polen von der deutschen Herrschaft zu befreien. Und in den von ihr gehaltenen Vierteln entwickelte sich rasend schnell eine freie Gesellschaft. Die AK hatte dafür umfassende Pläne entwickelt und etablierte insbesondere im Zentrum Warschaus eigene Verwaltungsstrukturen, um die elementaren Bedürfnisse der Bevölkerung zu befriedigen. Dafür wählten Hauskomitees, deren Hauptzuständigkeit der Brand- und Luftschutz war, jeweils Delegierte, die dann wiederum mit Regional- und Distriktabgeordneten die nötigen Entscheidungen über das Zusammenleben trafen. Die Exilregierung mit ihren Delegierten blieb dabei eher außen vor, und mehr als einmal kam es sogar zu Konflikten zwischen den neuen und den bisherigen Institutionen des Untergrunds.

Die neue Behörde in der Region III im westlichen Warschauer Zentrum bot nun mit rund 70 Beschäftigten tatsächlich reguläre Sprechzeiten zwischen 8 und 16 Uhr an. Sie sah sich gleichwohl mit allerlei Her-

Eine behelfsmäßige Suppenküche der Aufständischen

ausforderungen konfrontiert, die angesichts der andauernden Kämpfe kaum zu bewältigen waren. Ständige Improvisation war nötig, und im wahrsten Sinne des Wortes ging es oft nur darum, die größten Brände notdürftig zu löschen.

Zunächst einmal bestimmte Personalmangel die Arbeit. Zwar gab es nur noch wenige reguläre Beschäftigungsverhältnisse, zumal eine Arbeit für die Besatzungsmacht nicht mehr in Frage kam. Aber die neuen Bedingungen erforderten vielfach Spezialisten, die selten verfügbar und wegen der ständigen Mangelernährung oft zu geschwächt für ihre anstrengenden Tätigkeiten waren.

Die Mangelernährung resultierte selbstverständlich aus der Zeit vor August 1944, wurde danach aber noch gravierender: Die AK hatte kaum Vorräte für die Zivilbevölkerung angelegt, denn sie ging nicht von einem langen Kampf aus. Verfügbar war also vor allem das, was sich bereits in den meist bescheiden ausgestatteten Lebensmittelläden in der Stadt befand, oder etwa Gerste und Weizen vom Gelände der Traditionsbrauerei Haberbusch und Schiele. Die überbordende Solidarität glich die unumgänglichen Rationierungen zumindest teilweise aus: Hunderte von freiwilligen Suppenküchen entstanden, die Zehntausende von Mahlzeiten ausgaben. Typisch war Graupensuppe mit Lupinen, die sich strecken ließ, sodass man zumindest ein warmes Essen am Tag bekam; die wichtigste Alternative und meist die einzige Möglichkeit, etwas Fleisch zu sich zu nehmen, war der umfassend praktizierte Verzehr von Haustieren.

Als wesentlich problematischer erwies sich, die Wasserversorgung sicherzustellen, denn am 14. August eroberten die Deutschen die Hauptfiltrierstation und stellten das Wasser ab. Die Warschauerinnen und Warschauer gingen deshalb dazu über, alte Brunnen wieder in Betrieb zu nehmen bzw. neue zu bohren und die Stadt nach deren Verteilkapazitäten neu zu gliedern. Das aber war nicht von heute auf morgen machbar – weshalb selten mehr als ein bis zwei Stunden am Tag tatsächlich Leitungswasser floss, für das dann Rationierungskarten ausgestellt wurden. Im Zentrum existierten am 11. September 42 funktionsfähige Brunnen, 38 weitere befanden sich im Bau. Zwei Wochen später schätzte man, dass weitere 30 gebraucht würden, obwohl das von polnischer Seite kontrollierte Gebiet in der Zwischenzeit geschrumpft war.

Der Zubau war durchaus beeindruckend, selbst wenn das Wasser angesichts der vielen improvisierten Entnahmestellen ohne Abkochen

Auf der Suche nach sicheren Unterkünften, August 1944

nicht genießbar war. Aber Brennmaterial war knapp, zudem hatten die Besatzer der Stadt auch den Strom abgestellt. Das Elektrizitätswerk fiel zwar erst Anfang September in ihre Hände, doch schon vorher war sein Funktionieren nicht immer gewährleistet. Außerdem musste der Stromfluss wegen der vordringenden Deutschen kontinuierlich neu organisiert und nicht zuletzt zu den Pumpen der errichteten Brunnen geleitet werden. Die Benutzung von Aufzügen war deshalb zu Einsparzwecken untersagt, und mehr als ein Föhn pro Haus nicht erlaubt – und auch der nur, wenn Frauen im Haus wohnten.

Eine der dringendsten Aufgaben der städtischen Verwaltung bestand darin, Geflüchtete aus anderen Vierteln unterzubringen. Die meisten Gebäude waren allerdings überbelegt. Je länger die Kämpfe dauerten, desto gravierender wurde das Problem. Die Zerstörung ganzer Straßenzüge verschärfte die Lage nochmals erheblich. Dazu kam die Sorge um die Hygiene angesichts der vielen, auf engem Raum und unter schwierigen Bedingungen zusammengepferchten Menschen. Zu einem Ausbruch von Seuchen durfte es auf keinen Fall kommen, denn die Krankenhäuser wurden vor allem für die vielen Verwundeten benötigt. Die Verwaltung erließ deshalb detaillierte Putz- und Gesundheitsanordnungen, die gerade in überfüllten Kellern einige Berechtigung hatten.

Der Aufenthalt in den Wohnungen und das Überqueren der Straßen waren lebensgefährlich. Die Keller dienten nicht nur als halbwegs sichere Notquartiere, sondern auch als den deutschen Angriffen entzogene Verbindungswege: Es entstanden neue Fußpassagen, indem man Löcher in Brandschutzmauern schlug, wobei sehr schnell sogar Vorschrif-

Kellerquartier, 19. August 1944

ten für richtig durchgeführte und dimensionierte Durchbrüche zwischen den Häusern entstanden. Flure, Innenhöfe und unterirdische Gelasse wurden miteinander verbunden. Es entstand ein völlig neuer städtischer Raum, den sich die Bevölkerung nach und nach erschloss und der noch heute in Erzählungen von Überlebenden eine große Rolle spielt. Für die Deutschen wiederum bedeutete dieses Vorgehen, dass sie Haus für Haus einzeln erobern mussten – und ebenfalls das Vordringen abseits der lebensgefährlichen Straßen bevorzugten.

Die neuen Wege wurden schnell zur Normalität und zur einzigen Möglichkeit, sich überhaupt in der Stadt zu bewegen. Zur Perfektion brachten das System die jüngeren Pfadfinderinnen und Pfadfinder, die nicht in den Reihen der *Armia Krajowa* kämpften. Sie boten bereits am 2. August in Eigenregie einen Postdienst an, den sie in ihrem Hauptquartier organisierten und nur für die wenigen Tage in das Hauptpostamt verlagerten, als dieses sich in den Händen der Heimatarmee befand. Mit zweimal täglicher Leerung der Briefkästen und Sendungen, die innerhalb des jeweiligen Bezirks am selben Tag zugestellt wurden – lediglich bei einer Zustellung in einem nicht direkt verbundenen Aufstandsgebiet waren zwei bis drei Tage nötig – lässt sich der Dienst nur als großartig bezeichnen. Die Pfadfinder trugen die Briefe sogar gratis aus und baten lediglich um Buchspenden für die Patientinnen und Patienten in Krankenhäusern.

Über derlei Heldengeschichten berichteten die beiden Radiosender sowie die Presse des aufständischen Warschau. Über 160 verschiedene Publikationen erschienen, viele davon täglich. Das *Biuletyn Informacyjny* als offizielles Organ der AK erreichte mit bis zu 28 000 Stück die höchste Auflage und stand für rund die Hälfte der zirkulierenden Druckerzeugnisse. Die meisten von ihnen waren anfangs vier, später zwei Seiten dick, aber Papierknappheit führte immer häufiger dazu, dass lediglich Aushänge produziert wurden. Immerhin erlaubte diese Form eine in den vorherigen fünf Jahren ungekannte Meinungspluralität, weil sich im Grunde alle politischen Lager mit ihren Organen präsentierten.

Insgesamt arbeiteten 250 Menschen in den Redaktionen. Darunter war der 22-jährige Władysław Bartoszewski, der die *Wiadomości z Miasta i Wiadomości Radiowe* (›Nachrichten aus der Stadt und Radionachrichten‹ – schon der Name zeigt, dass viele Informationen Ver-

Zeitunglesen in Warschau, August 1944

schriftlichungen von britischen oder amerikanischen Rundfunksendungen waren) redigierte. Sie waren 1942 in einer mit Schreibmaschine vervielfältigten Auflage von zehn Stück gestartet, die bis Sommer 1944 auf 1500 Stück zweimal am Tag wuchs.

Unter den Redakteurinnen und Redakteuren fanden sich auch solche mit den Spezialgebieten Foto und Film, von denen alleine 30 während des Aufstands mit ihren Kameras unterwegs waren und eine hierzulande weitgehend unbekannte, spezifisch aufständische Ikonographie schufen. Etwa 30 000 Meter Film entstanden, und im zentral gelegenen

Jüdinnen und Juden im Warschauer Aufstand

Samuel Willenberg war bereits an einem erfolgreichen Aufstand beteiligt gewesen: Am 2. August 1943 hatten sich die jüdischen Häftlinge des Vernichtungslagers Treblinka gegen die deutschen Täter erhoben und eine Massenflucht organisiert. Unter den etwa 300 Entkommenen – von denen etwas mehr als 60 tatsächlich das Kriegsende erleben sollten – war auch Willenberg. Er versteckte sich in Warschau mit falschen nichtjüdischen Papieren und engagierte sich in der linkssozialistischen *Polska Armia Ludowa* (PAL). Bei Ausbruch des Aufstands 1944 schloss er sich dem AK-Bataillon »Rucza« an, wechselte aber später wieder zur PAL zurück.

Samuel Willenberg (1923–2016) mit seiner Mutter – mit falschen Papieren in Warschau

Annähernd 17 000 Jüdinnen und Juden versteckten sich Ende Juli 1944 in Warschau vor dem Holocaust, etwa die Hälfte von ihnen im Gebiet der Aufständischen. Der Beginn der Kämpfe war für sie wie eine erste Befreiung, weil der unmittelbare Verfolgungsdruck aufhörte, Denunziationen nicht mehr zu fürchten waren und man endlich Keller oder Dachböden verlassen konnte. Aber die bisher Untergetauchten waren jetzt unter den Bedingungen des Aufstands völlig auf sich selbst gestellt, weil bisherige Hilfsnetzwerke zusammenbrachen.

Wer bisher unter einer falschen, polnischen Identität gelebt hatte, gab diese in aller Regel nicht auf. Gründe dafür gab es genug, denn Antisemitismus war auch jenseits der Nationalen Streitkräfte verbreitet – zwei befreite Häftlinge des KZ Warschau wurden beispielsweise von Aufständischen auf offener Straße erschossen, in der Prosta-Straße wurden bei einem einzigen Vorfall sogar 14 Überlebende in ihrem Versteck entdeckt und getötet.

Andererseits dienten etwa 450 Jüdinnen und Juden – und vermutlich Tausende weitere unentdeckt mit einer falschen nichtjüdischen Identität – selbst in der AK, die außerdem eine eigene Einheit aus den Kämpfern des

Warschauer Ghettos formte. Sie lobten die Kameradschaft, die man ihnen entgegenbrachte, und erfuhren für ihren Mut viel Anerkennung.

Schätzungsweise töteten die Deutschen 4500 Warschauer Jüdinnen und Juden während des Aufstands, weitere 900 starben danach in den bis zum Kriegsende verbleibenden Monaten. Andere verhielten sich wie Samuel Willenberg: Er gab sich nach der Kapitulation der Aufständischen wieder als katholischer Pole aus und ließ sich ins Durchgangslager nach Pruszków bringen. Später konnte er durch einen Sprung aus einem Deportationszug entkommen. Er versteckte sich auf dem Land, wanderte nach Kriegsende nach Israel aus und starb 2016 mit 93 Jahren als hochgeachteter ehemaliger Untergrundkämpfer und Zeitzeuge des Holocaust.

Rund 11 500 weitere Verfolgte des Holocaust, die zwischenzeitlich untergetaucht waren, wurden schließlich von der Roten Armee befreit, manche davon lebten sogar in den Ruinen der Stadt. Das prominenteste Beispiel ist Władysław Szpilman, der »Pianist« aus Roman Polanskis gleichnamigem Film, der dank der Hilfe des deutschen Hauptmanns Wilm Hosenfeld überlebte.

Władysław Szpilman (1911–2000, r.), Komponist, Pianist, Schriftsteller, hier im März 1939 in Warschau, Polen, mit einem Offizier der polnischen Armee

Kino Palladium gab es zwischen Mitte August und Mitte September drei Mal neue Nachrichten aus dem Aufstand: Im überfüllten Vorführraum waren Chroniken des Geschehens zu sehen. Die erhalten gebliebenen Filmrollen stellen bis heute eine einzigartige Bildquelle dar.

Die verschiedenen Druckerzeugnisse brachten neben Nachrichten auch allerlei amtliche Bekanntmachungen. Und sie verkündeten die Urteile der Untergrundgerichtsbarkeit, die der Aufrechterhaltung ziviler Normen ebenso diente wie der Abrechnung mit echten oder tatsächlichen Kollaborateuren, die nicht selten zum Tode verurteilt wurden. Davon waren überdurchschnittlich viele Frauen betroffen, die sexueller Verhältnisse mit Besatzern beschuldigt wurden – wobei es oft nicht einmal für Elendsprostitution Verständnis gab. Das bedeutete im Endeffekt die Durchsetzung männlich-moralischer Normen, in minder schweren Fällen diente das Scheren der Haare als Bestrafung.

Von Normalität konnte in den Kämpfen des Aufstands natürlich keine Rede sein. Aber es ging der AK vor allem darum, ihre Autorität im zivilen Bereich zu etablieren, um gegenüber der erwarteten Roten Armee entsprechend auftreten zu können. Die Grundbedürfnisse konnte sie immerhin stillen, freie Informationen bot die Presse, und moralische Unterstützung kam von der katholischen Kirche, die wie selbstverständlich Messen nun zusätzlich in geschützten Hinterhöfen abhielt.

Handpuppentheater im Untergrund. Allen Einschränkungen und Zumutungen zum Trotz gab es unendlich viel mehr Freiheit als unter deutscher Besatzung.

Ein kulturelles Angebot blieb weitgehend Luxus, und die Schulen waren wegen der anfangs noch andauernden Sommerferien ohnehin geschlossen.

Andererseits verwandelten die Kämpfe das schon bisher schwierige Leben der Bevölkerung in einen Kampf ums Überleben. Die Herausforderungen des Alltags hatten sich nochmals vervielfacht: Neben die existierende Mangelernährung traten Wasserknappheit und Stromsperren, außerdem gab es keine geregelte Arbeit mehr. Tagtäglich schlugen Bomben und Granaten ein, Häuser zerfielen in Schutt und Asche, Leichen türmten sich auf den Straßen, jederzeit musste man mit dem eigenen Tod oder dem der Liebsten rechnen. Und je länger sich der Aufstand hinzog, desto schwieriger war das Überleben und desto mehr kranke, ausgezehrte und verzweifelte Menschen begaben sich freiwillig in die Hände der Deutschen.

↗ Heinz Reinefarth (Mitte, stehend) bei einer Lagebesprechung (Propagandafoto)

7 Das Massaker

Das Eintreffen Reinefarths verwandelte die Schlacht in ein Schlachten. Seine Truppen marschierten am 5. August in Wola ein und begannen nicht nur Bewaffnete, sondern unterschiedslos alle ihnen begegnenden Warschauerinnen und Warschauer zu töten. Polen erwies sich einmal mehr als Experimentierfeld und Laboratorium für vernichtende Gewalt. Erneut verdichtete sich, was das NS-Regime in ganz Europa entweder angedacht oder in Teilen bereits angewandt hatte – und gipfelte in der vermutlich extremsten Radikalisierung, die sich für Soldaten denken lässt.

Am 5. August waren Reinefarths Männer schon mit ihrem Massenmord befasst und folgten Himmlers Vorstellungen, der bereits am 1. August dem Warschauer SS- und Polizeiführer Paul Geibel befohlen hatte: »Vernichten Sie Zehntausende.« Dabei übertrugen die Täter frühere Erfahrungen mit teilweise unterschiedlicher Motivation erstmals auf den Raum einer Großstadt. Während die nichtdeutschen Einheiten ein genuines Interesse an einer andauernden deutschen Herrschaft im Osten hatten – weil ihnen sonst ein trauriges Schicksal als Kollaborateure drohte –, erfuhren die deutschen Täter gewissermaßen die Bestätigung langjähriger Indoktrination mit Rassenhass und Polenfeindschaft: Sie sahen die Bedrohung nicht nur im gegnerischen Militär, sondern auch in der Zivilbevölkerung; sie wähnten sich in einem Überlebenskampf des deutschen Volkes, das in seinem Rassismus nur das Überleben des Stärkeren kannte. Bei den eingesetzten Einheiten verschärfte das ihre bisher schon eingeübte Enthemmung.

Das Vorgehen in Wola war einerseits improvisiert, andererseits bewusst auf Vernichtung ausgerichtet. Die Sturmbrigade Dirlewanger in der Mitte sollte in direkter Linie über die Wolska- und die Litzmannstädter Straße bis zum Sächsischen Garten im Zentrum vorstoßen, um dort den Gouverneur Fischer und den Ortskommandanten Stahel zu entsetzen. Im Norden und Süden war mit dem Sicherungsregiment 608 und der 203. Sicherungsdivision einerseits sowie der RONA-Brigade andererseits jeweils eine weitere Gruppe vorgesehen, um auch nach Osten vorzurücken und dann in Richtung von Dirlewangers Männern einzuschwenken. Die direkten Befehle waren eindeutig: Es gab Benzin zum Abbrennen der Häuser, und alles Leben war auszulöschen – auch im Rücken der Truppe.

Brigade Dirlewanger

Im Mai 1940 hatte Heinrich Himmler einige Wilderer, die ins KZ Sachsenhausen eingeliefert worden waren, zu einer Scharfschützeneinheit zusammengefasst. Sie standen unter dem Kommando von Oskar Dirlewanger, welcher der späteren SS-Sturmbrigade Dirlewanger seinen Namen gab. In diese Truppe kamen Hunderte weitere KZ-Häftlinge, Insassen des Strafvollzugslagers der SS und Polizei in Danzig-Matzkau – straffällig gewordene SS-Männer – sowie russische Hilfskräfte.

Der 1895 geborene Oskar Dirlewanger passte perfekt zu dieser Einheit: Nach dem Ersten Weltkrieg und seiner Promotion war er 1932 wegen Landfriedensbruch, 1934 wegen Vergewaltigung einer 13-Jährigen und zwei Jahre später wegen Veruntreuung von Geldern verurteilt worden. Sodann hatte man ihn in ein Schutzhaftlager eingewiesen, aus dem er jedoch dank der Intervention eines Freundes, des späteren SS-Gruppenführers und Chefs des SS-Hauptamts Gottlob Berger, bald entlassen wurde. Er nahm mit der Legion Condor am Bürgerkrieg in Spanien teil, erreichte 1940 eine Neuaufnahme seines Verfahrens von 1934 sowie einen Freispruch und wurde schließlich Kommandeur seiner persönlichen Landsknecht-Truppe. Alkoholismus, Sadismus und NS-Ideologie verbanden sich bei ihm mit einem charismatischen Führungsstil.

Die Brigade Dirlewanger war im besetzten Polen wegen ihrer systematischen Gewaltanwendung gegen Zivilisten, ihres massiven Alkoholkonsums und unzähliger Vergewaltigungen im »Bandenkampf« bereits 1942 aufgefallen, danach auch in Belarus. Das Vorgehen fand die Zustimmung der Vorgesetzten: Dirlewanger erhielt dafür mehrfach Auszeichnungen, für die brutale Niederkämpfung des Warschauer Aufstands zusammen mit Heinz Reinefarth und Erich von dem Bach sogar das Ritterkreuz des Eisernen Kreuzes.

Die Deutschen mussten für ihr Vorgehen anfangs blutiges Lehrgeld zahlen: Aufgeputscht durch reichlich Schnaps versuchten sie am 5. August zunächst, die polnischen Stellungen frontal zu stürmen. Bei derartigen Angriffen waren Partisanen auf dem Lande einer Konfrontation meist ausgewichen. In Warschau aber nahm die *Armia Krajowa* das Gefecht an und verteidigte ihre Positionen erbittert, weshalb das Risiko für die Angreifer deutlich stieg. Die städtische Topographie entschleunigte den »Bandenkampf«: Ein langsames Vorgehen von Haus zu Haus war nun gefordert.

Keine Seite war dafür ausgebildet, aber die Verteidiger verfügten über Ortskenntnis, über Orientierung und auch über die Unterstützung der Zivilbevölkerung. Reinefarth sprach deshalb im November 1944 über die »hinterlistigsten und heimtückischsten Kämpfe [...] die man denken kann.« Und obwohl es in Warschau viel mehr Zivilistinnen und Zivilisten gab als in den bisherigen »Bandenkampfgebieten«, änderten die Deutschen ihr Vorgehen nicht: Sie massakrierten Unbeteiligte hier wie dort.

Die Brigade Dirlewanger ging nach dem ersten zurückgeschlagenen Sturmlauf dazu über, die Stadtbevölkerung als menschliche Schutzschilde vor sich her zu treiben – Gruppen von bis zu 300 Menschen mussten vor deutschen Fahrzeugen hergehen und Barrikaden räumen. Den polnischen Verteidigern blieb an diesen Stellen nur der Rückzug in die Nachbarschaft und die anliegenden Gebäude. Das Pionierbataillon 46

Soldaten der Brigade Dirlewanger im Warschauer Aufstand (Propagandafoto)

rückte weiter vor, während die SS-Männer gezielt die Menschen in den zurückeroberten Straßenzügen ermordeten. Allein entlang der Wolska-Straße wurden am 5. August über 10 000 Menschen durch Genickschüsse oder Maschinengewehrsalven getötet.

Weil sich dort die Leichen stapelten, hob die Kampfgruppe Reinefarth mehrere Massengräber aus, an denen sie weitere Hinrichtungen durchführte. Ein Rotationssystem sorgte für einen kontinuierlichen Wechsel der Schützen, während die Zivilistinnen und Zivilisten auf einer Art Laufsteg aus Eisenträgern in die Mitte der Grube gehen mussten. Dort zwang man sie, sich hinzulegen, und setzte dann den Genickschuss an. Wenn sich eine größere Anzahl an Leichen angesammelt hatte, wurden diese mit Benzin übergossen, angezündet und schließlich brennend in die Grube hinuntergestoßen. Weitere Massaker gab es im Wola-Krankenhaus und im St.-Lazarus-Krankenhaus, wo die SS-Truppen zunächst rund 1100 Patientinnen und Patienten in ihren Betten erschossen. Dann zwangen sie die Schwestern, sich nackt auszuziehen, um sie anschließend immer wieder zu vergewaltigen. Danach wurden diese unter allerlei sadistischen Praktiken ebenfalls getötet.

Am nächsten Tag gruppierte Reinefarth seine Truppen um und zog die Wehrmachtseinheiten aus dem Norden in die Reserve zurück; sie wurden durch SS-Männer ersetzt, die er zu rücksichtslosem Vorgehen anstachelte. Reinefarth selbst kommandierte nun die mittlere Gruppe und stieß mit zwei Panzerspähwagen bis zum eingeschlossenen Rainer Stahel im Brühlschen Palais am heutigen Marschall-Józef-Piłsudski-Platz vor. Die Brigade Dirlewanger erreichte am frühen Abend ebenfalls den angrenzenden Sächsischen Garten, womit die zentralen Gebiete der Aufständischen in zwei Teile gespalten waren. Die *Armia Krajowa* verlegte deshalb an diesem Abend ihr Hauptquartier von der Kamler-Fabrik im Westen Warschaus in die noch relativ friedliche Altstadt.

Noch war die Schneise der Deutschen nicht besonders breit, aber wie am Vortag von zahlreichen Leichen gesäumt. Allein im Landmaschinenlager der Kirchmajer- und Marczewski-Fabrik in der Wolska-Straße wurden an jenem Tag annähernd 2000 Menschen erschossen. Unter ih-

Leichenberge in Warschau

Beerdigung auf der Straße, zweite Augusthälfte 1944

nen waren auch 50 griechische, ungarische und rumänische Juden aus dem kurz zuvor befreiten KZ Warschau, die erneut in die Hände der SS gefallen waren.

Für die Täter bestand nach wie vor das Problem, dass sie all die Leichen nicht sofort verscharren konnten, was besonders in jenen heißen Sommertagen eine hygienische Gefahr darstellte. Aber die Mörder hatten bei der Verschleierung ihrer Spuren in den vergangenen Jahren reich-

lich Erfahrungen gesammelt, insbesondere im Rahmen der »Aktion 1005«, als sie Hunderttausende von Opfern besonders der Einsatzgruppen in der besetzten Sowjetunion ausgraben und verbrennen ließen. Sie bildeten deshalb das »Verbrennungskommando Warschau«, in dem zwei Gruppen von je 50 zwangsrekrutierte Polen arbeiten mussten. Sie mussten die Toten einsammeln, deren Wertgegenstände für die SS zusammentragen und dann riesige Scheiterhaufen errichten, auf denen die Leichen verbrannt wurden. Das zog sich in anderen Stadtteilen bis Mitte September hin, danach erschossen die Deutschen die allermeisten dieser Zwangsarbeiter.

Dieses Massaker von Wola dauerte vom 5. bis 7. August. Aber auch später wurden noch vielfach Zivilistinnen und Zivilisten in Warschau hingerichtet, Frauen vergewaltigt und andere Grausamkeiten began-

gen, selbst wenn die Brutalität der ersten Aufstandstage nicht wieder erreicht wurde. Schätzungsweise 30 000 bis 40 000 Menschen ermordeten Reinefarths Männer in jenen Tagen. Die Plünderung der eroberten Häuser setzten sie fort. Die rein militärischen Verluste der ihnen gegenüberliegenden Eliteeinheit »Kedyw« der Heimatarmee beliefen sich am 5. August dagegen lediglich auf 20 Gefallene und 40 Verwundete.

Frauen und Kinder in der St.-Adalbert-Kirche, die als Sammellager fungierte

Die Wehrmacht hatte mit all dem kein Problem, ganz im Gegenteil: Dank der SS musste sie sich nicht die Hände schmutzig machen und konnte Verantwortung delegieren. Gerade Dirlewanger und von dem Bach ging dabei ein Ruf als Massenmörder voraus. Die Exzesse waren geplant und gewollt, keine spontanen oder überraschenden Ereignisse. Lediglich die RONA schätzte die Wehrmacht nicht, denn diese galt als undiszipliniert und daher tendenziell als Gefahr für die eigenen Soldaten. Aus deutscher Perspektive ergab sich eine zweckmäßige Aufgabenverteilung: Die Wehrmacht sah den geringen militärischen Wert von Reinefarths Truppen genauso wie deren Skrupellosigkeit. Proteste des Oberkommandos der 9. Armee gegen das Vorgehen sind deshalb nicht überliefert.

Erich von dem Bach hatte bereits am 6. August die Zone unbegrenzter Gewalt auf Wola beschränkt – ließ Männer und Verwundete allerdings bis zum 12. August nach wie vor unterschiedslos töten. Er handelte nicht aus grundsätzlichen Bedenken, sondern vor allem aus der Überlegung heraus, dass die Exzesse einer Kapitulation der AK und einem schnellen Ende des Aufstands kaum förderlich waren. Außerdem fürchtete er um die Disziplin seiner Männer. Das AOK 9 kommentierte das mit den lapidaren Worten: Die »SS-Führung hat sich entschlossen, nicht mehr alles umzulegen.«

Dadurch wuchs die Bedeutung des am 5. August geschaffenen Durchgangslagers 121 im westlichen Warschauer Vorort Pruszków. Dort sammelten die Deutschen in einer Eisenbahnwerkstatt die aus der Stadt vertriebenen Menschen, um sie wenig später zur Zwangsarbeit ins Reich oder in südliche Gegenden des Generalgouvernements zu deportieren. Zunächst war dafür die SS zuständig, ab 11. August übernahm die Wehrmacht die Regie, wobei beide die Verantwortung für die Versorgung der Insassinnen und Insassen an den polnischen Hauptfürsorgerat delegierten.

Tatsächlich ließ Reinefarth am 6. August in der St.-Adalbert-Kirche in der Wolska-Straße eine erste Sammelstelle vor allem für Zivilistinnen einrichten. Die Bedingungen waren barbarisch. Es gab keine Toiletten, kein Wasser oder Essen; Schläge, Plünderungen und auch Vergewaltigungen waren an der Tagesordnung. Die drei Priester der Kirche, die sich um die Vertriebenen kümmern wollten, erschossen die Deutschen. Dennoch wurden durch dieses neogotische Bauwerk bis zum

Erich von dem Bach 1944, mit dem Ritterkreuz, das er für die Niederschlagung des Warschauer Aufstands erhielt

10. August etwa 90 000 Menschen nach Pruszków geschleust. Die ersten von ihnen trafen am 7. August nach etwa 15 Kilometern Fußmarsch dort ein; später ging es teils auch von anderen Sammelstellen in Eisenbahnwaggons dorthin.

Die Vertreibungen und insbesondere das Massaker von Wola blieben nicht unbemerkt. Oberstleutnant Jan »Radosław« Mazurkiewicz, der AK-Kommandant des Viertels, hatte bereits in der Nacht auf den 6. August an seine Vorgesetzten Meldung gemacht: »Es bahnt sich eine große Tragödie an [...]. Ich tue, was ich kann, um diese Tragödie zu verringern, ich dränge die Menschen in die Altstadt.« Und so flohen unter dem Schutz der Heimatarmee nun Zehntausende Einwohnerinnen und Einwohner des westlichen Warschau vor der SS ins Zentrum, was dort die Wohnungs- und Versorgungslage dramatisch verschärfte. Es zeigte sich, dass von dem Bachs Überlegung durchaus zutreffend war: An eine Kapitulation gegenüber den Deutschen wollte niemand mehr denken, da diese unterschiedslos alle ermordeten, die ihnen über den Weg liefen. So stärkte die Gewalt der SS zugleich die Autorität der Heimatarmee, die als einziger Schutz vor dem Zugriff der Besatzer galt.

Heinrich Himmler war mit dem Blutbad im Nachhinein hochzufrieden. Reinefarth, von dem Bach und kurz darauf auch Dirlewanger erhielten für ihre Mordaktion in Warschau das Ritterkreuz. Ende September sagte der Reichsführer-SS in einer Rede vor den Wehrkreisbefehlshabern:

> »Wie ich die Nachricht von dem Aufstand in Warschau hörte, ging ich sofort zum Führer. [...] Ich sagte: ›Mein Führer, der Zeitpunkt ist unsympathisch. Geschichtlich gesehen ist es ein Segen, dass die Polen das machen. Über die fünf, sechs Wochen kommen wir hinweg. Dann aber ist Warschau, die Hauptstadt, der Kopf, die Intelligenz dieses ehemaligen 16–17 Millionenvolkes der Polen ausgelöscht, dieses Volkes, das uns seit 700 Jahren den Osten blockiert und uns seit der ersten Schlacht bei Tannenberg immer wieder im Wege liegt. Dann wird das polnische Problem geschichtlich für unsere Kinder und für alle, die nach uns kommen, ja schon für uns kein großes Problem mehr sein.‹«

➚ **Ende August verschärften sich die Kämpfe um die Altstadt.**

8 Verzweifelte Kämpfe

Der Fall von Wola machte deutlich, dass nun die Deutschen die Offensive übernommen hatten. Sie hatten inzwischen mit zusätzlicher Panzerunterstützung wieder eine gesicherte Verbindung ins Zentrum hergestellt. Von einem überzeugenden Sieg waren sie allerdings meilenweit entfernt. Von dem Bach erhielt deshalb weitere Verstärkung, darunter einen Eisenbahn-Panzerzug, den er nördlich des Stadtzentrums postierte, die Panzer-Abteilung 302 mit 20 Sturmgeschützen und 50 Fernlenk-Sprengpanzern »Goliath«, die schwere Batterie 638 mit dem Mörser »Karl«, der ab dem 18. August Geschosse mit einem Kaliber von 61 Zentimeter verschoss, mehrere Raketenwerfer sowie 150 Flammenwerfer. Am 20. August standen ihm 21 520 Mann zur Verfügung, aber die Zahl berücksichtigte nicht die bisherigen Verluste. Und selbst wenn diese Truppen nie gleichzeitig eingesetzt wurden, stellten sie für Warschau doch eine substanzielle Streitmacht dar.

Schwere Geschütze waren im Häuserkampf zwar militärisch wenig sinnvoll, und nicht selten trafen Mörsersplitter eigene Stellungen. Doch der konstante Beschuss und der massive Einsatz von Flammenwerfern

Deutsche Soldaten bereiten einen Sprengpanzer »Goliath« für den Einsatz vor.

zeigten durchaus Wirkung, zumal die Deutschen durch das technikgestützte Vorgehen die ansonsten geringe Kampfstärke ihrer Soldaten teilweise kompensieren konnten. So entwickelte sich um die Altstadt in der zweiten Augusthälfte eine Schlacht, in der die Verteidiger zwar von den dicken, alten Mauern der Häuser und Kirchen profitierten und sich hinter der mittelalterlichen Stadtbefestigung verschanzen konnten, aber ohne Verbindung zu anderen aufständischen Teilen Warschaus blieben: Im Osten floss die Weichsel, im Norden war die deutsch besetzte Zitadelle im Weg, und im Westen und Süden rückte die Kampfgruppe Reinefarth vor.

Etwa 7000 Soldaten standen sich in der Altstadt auf beiden Seiten gegenüber, darunter bei den Eingeschlossenen auch einige Kämpferinnen. Vor allem aber waren dort zahlreiche Flüchtlinge aus Wola untergekommen, die nun besonders unter den stündlichen Stuka-Angriffen der Luftwaffe – teilweise zehn am Tag – litten, die zu andauernden Verschüttungen, Staub und Chaos führten. Die SS rückte Haus für Haus vor und erreichte am 19. August die Kierbedź-Brücke von Westen. Das von den Polen gehaltene Gebiet war auf die Größe von etwa einem Quadratkilometer zusammengeschmolzen, auf dem immer noch etwa 50 000 Menschen ausharrten – eine Bevölkerungsdichte doppelt so hoch wie im heutigen Manhattan.

Ein Entsatzversuch der *Armia Krajowa*, die aus dem aufständischen Żoliborz kam und von Einheiten aus dem Kampinos-Wald verstärkt wurde, scheiterte an mangelnder Koordination und der guten deutschen Aufklärung in der Nacht auf den 20. August; von etwa 900 Angreifern fielen über die Hälfte. Wie schon in Wilna war es der AK nicht gelungen, der Wehrmacht einen Kampf an mehreren Fronten aufzuzwingen. So wurde die Situation in der Altstadt immer desaströser:

> »Außerdem gibt es kein Wasser, Licht, Gas und die Kanalisation der meisten Häuser funktioniert nicht mehr, die Klosetts sind so verstopft, dass die Bevölkerung anfängt, jeden Winkel zur Erledigung ihrer natürlichen Bedürfnisse zu benutzen. […] Nirgendwo werden öffentliche Latrinen gebaut, übrigens weil man nicht weiß, wo man sie bauen soll, denn an jedem Eckchen sind Gräber und es werden von Stunde zu Stunde mehr.«

Auf der Suche nach Verschütteten, Mitte August 1944

Das berichtete Major Tadeusz Wardejn-Zagórski (»Gromski«), der im Hauptquartier der AK in der Altstadt saß. Er wusste auch, dass der Oberbefehlshaber »Bór« Komorowski an der Ruhr erkrankt war und einige Tage außer Gefecht sein würde. Die mangelhaften hygienischen Bedingungen machten den Deutschen aber genauso zu schaffen, denn etwa zur selben Zeit litt Heinz Reinefarth im westlichen Teil Warschaus unter der gleichen Krankheit und war ebenfalls mehrere Tage nicht in der Lage, sein Kommando auszuüben.

Hunger und Wassermangel waren die wichtigsten Gründe für die endgültige Niederlage der Aufständischen in der Altstadt. Zu einer formalen Kapitulation kam es trotz mehrerer entsprechender Angebote ihrer Gegner nicht, die deshalb erst am 2. September die vollständige Eroberung des alten Warschaus melden konnten. Die AK-Führung hatte ihr Quartier schon am 25. August über die Kanalisation verlassen und sich ins Zentrum begeben. Mit ihr retteten sich rund 1500 Soldatinnen und Soldaten sowie 3000 weitere Menschen in die Innenstadt, zudem gingen 800 Aufständische nach Żoliborz; mindestens 30 000 starben, viele weitere fielen in deutsche Hände.

Weil die Kanalisation zumindest eine Teilevakuierung ermöglicht hatte, wurde sie zu einem Mythos des Aufstands, dem der bekannte

Evakuierung durch die Kanalisation

polnische Regisseur Andrzej Wajda 1956 mit seinem Film *Kanał* (›Der Kanal‹) ein Denkmal setzte. Die tatsächliche Bedeutung der Abwasserkanäle sollte aber nicht überbewertet werden: Wegen der wenig systematischen Anlage war es schwer, sich in den unterirdischen Labyrinthen zurechtzufinden, und natürlich war das Waten in oft mehr als hüfthoher Kloake bei einer Deckenhöhe von weniger als eineinhalb Metern eine extreme Herausforderung. Der Untergrund verhalf letztlich nur wenigen zur Flucht. Immer wieder kam es zu Todesfällen durch Ersticken oder Ertrinken, später gingen die Deutschen zudem dazu über, die Kanalisation zu fluten und gezielt Flammgas einzuleiten, das sie dann entzündeten.

Während die Schlacht in der Altstadt tobte, herrschte in den anderen Teilen Warschaus zwar nicht unbedingt Frieden, aber doch eine Art Belagerungszustand, eine Ruhe vor dem Sturm. Die *Armia Krajowa* hatte sich auf die veränderte Situation eingestellt und nutzte die Bedingungen des Häuserkampfes. In einem Bericht der 9. Armee vom 12. August hieß es:

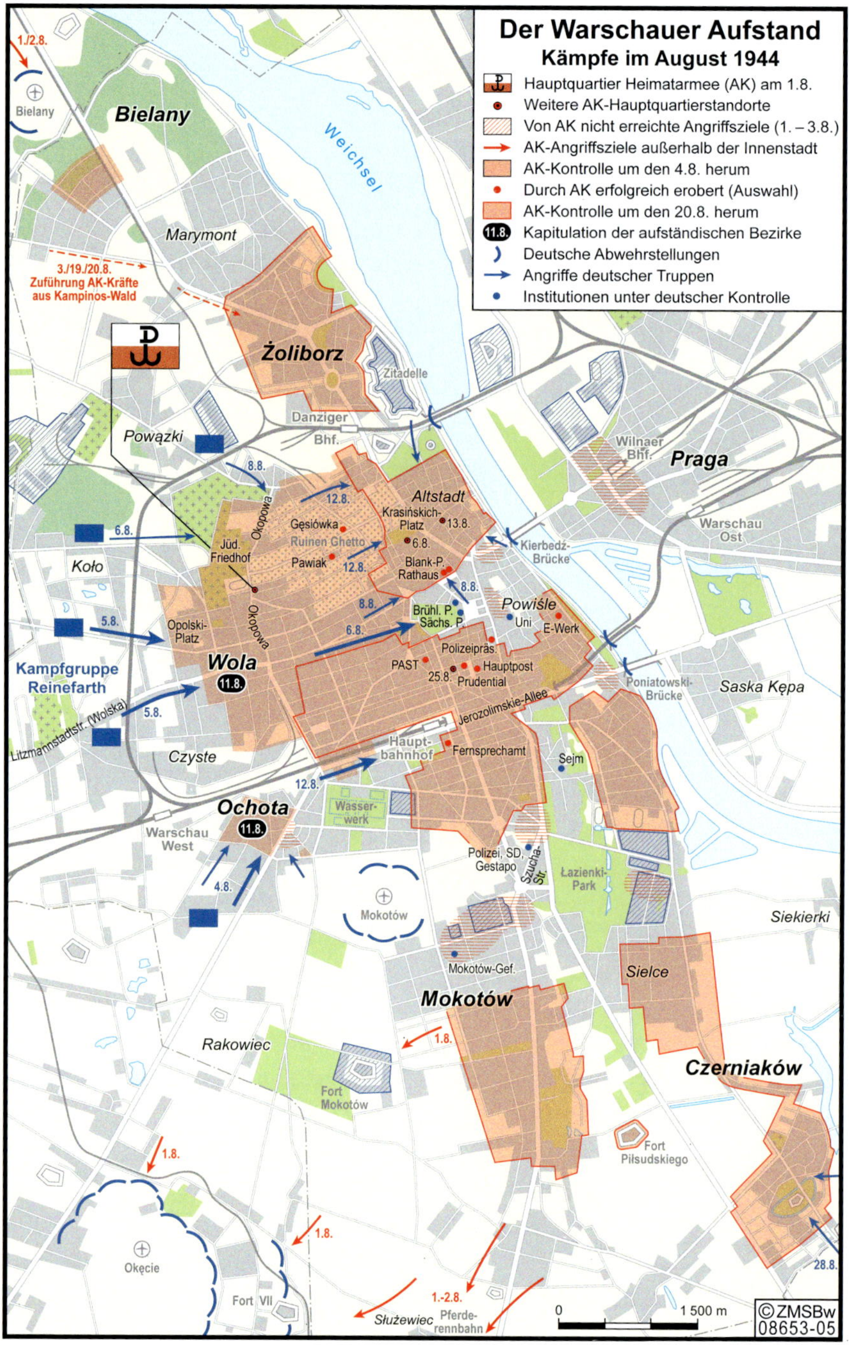

Der Warschauer Aufstand
Kämpfe im August 1944
Hauptquartier Heimatarmee (AK) am 1.8.
Weitere AK-Hauptquartierstandorte
Von AK nicht erreichte Angriffsziele (1. – 3.8.)
AK-Angriffsziele außerhalb der Innenstadt
AK-Kontrolle um den 4.8. herum
Durch AK erfolgreich erobert (Auswahl)
AK-Kontrolle um den 20.8. herum
Kapitulation der aufständischen Bezirke
Deutsche Abwehrstellungen
Angriffe deutscher Truppen
Institutionen unter deutscher Kontrolle
Bielany
Weichsel
Marymont
3./19./20.8.
Zuführung AK-Kräfte aus Kampinos-Wald
Żoliborz
Zitadelle
Danziger Bhf.
Powązki
Wilnaer Bhf.
Praga
Altstadt
Krasińskich-Platz
13.8.
6.8.
Gęsiówka
Ruinen Ghetto
Jüd. Friedhof
Okopowa
Pawiak
Blank-P. Rathaus
Kierbedź-Brücke
Warschau Ost
Koło
Powiśle
Uni
E-Werk
Brühl. P.
Sächs. P.
Opolski-Platz
Polizeipräs.
PAST
Hauptpost
Prudential
25.8.
Wola
11.8.
Kampfgruppe Reinefarth
Litzmannstadtstr. (Wolska)
Jerozolimskie-Allee
Poniatowski-Brücke
Saska Kępa
Czyste
Haupt-bahnhof
Fernsprechamt
Sejm
Ochota
Wasser-werk
Warschau West
Polizei, SD, Gestapo
Szucha-Str.
Łazienki-Park
Mokotów
Siekierki
Mokotów-Gef.
Sielce
Rakowiec
Fort Mokotów
Czerniaków
Fort Piłsudskiego
Okęcie
Fort VII
Służewiec
Pferde-rennbahn
1.-2.8.
28.8.
0
1 500 m
©ZMSBw
08653-05

»Die feindl[iche] Kampftaktik hat sich im Laufe der Tage den eig[enen] Kampfmethoden angepasst. Während die Aufständischen in den ersten Tagen den eig[enen] in der Hauptsache mit Inf[anterie]-Waffen geführten Vorstößen auch mit Infanteriefeuer begegnete[n] und die Straßenzüge systematisch unter Feuer nahmen, sobald sich Deutsche zeigten, lässt der Gegner jetzt angreifende Stoßtrupps, Flammenwerfer und selbst Panzer bis zu einer gewissen Stelle vorgehen, um sie dann mit wohlgezielte[m] Scharfschützenfeuer zu vernichten. [...] Die Scharfschützen schießen meist aus erhöhten Lagen, hinter Schornsteinen und Dachausbauten hervor, aus Dächern und oberen Stockwerken. Es wurde kaum beobachtet, dass aus Kellern oder unteren Stockwerken gefeuert wird. Nach wie vor wird man der Banditen selbst kaum habhaft. Fallen sie unseren Soldaten in die Hände, werden sie sofort umgelegt, weshalb auch keine Gefangenen zur Vernehmung zur Verfügung stehen.«

Im Zentrum Warschaus befanden sich die Hauptkräfte der Aufständischen, die ab Mitte August eine Verbindung mit dem südlichen Viertel Mokotów herzustellen versuchten, um schließlich Nachschub aus dem Kabaty-Wald heranführen zu können. Dieser Plan Antoni Chruściels überschätzte allerdings die eigenen Möglichkeiten. Schlimmer noch, die Kämpferinnen und Kämpfer in der Altstadt blieben wegen der Konzentration auf die strategisch grundsätzlich sinnvolle Vereinigung mit Mokotów weitgehend auf sich gestellt. So stellten sich in der Stadtmitte zwar durchaus kleinere Erfolge ein; diese blieben allerdings symbolischer Natur. Das freilich sollte angesichts des ständigen deutschen Drucks, der vielen Opfer und der materiellen Belastungen nicht unterschätzt werden.

Spektakulär war etwa die Einnahme des Hauptsitzes der polnischen Telefongesellschaft PAST, mit über 51 Metern eines der höchsten Gebäude der Stadt. Die AK hatte es über 14 Tage lang belagert und konnte am 20. August endlich ihre Flagge auf dem Dach hissen. Die Deutschen hatten 25 Tote und mehrere Verwundete zu beklagen, außerdem fielen 115 Gefangene den Aufständischen in die Hände. Die wiederum hatten sämtliche Stärken ausgespielt, die sonst aufseiten der Gegner lagen: eine sorgfältige Einschließung, lokal starke Überlegenheit und gezielte Sprengungen.

Aufständische beobachten das brennende PAST-Gebäude, 20. August 1944.

Drei Tage später gelang der Heimatarmee zudem die Eroberung des angrenzenden PAST-Verwaltungsbaus sowie die des Polizeipräsidiums und der Heilig-Kreuz-Kirche in der Krakowskie-Przedmieście-Straße. Noch wichtiger war es, zumindest kurzfristig ab dem 25. August wieder eine Verbindung zwischen dem nördlichen und dem südlichen Teil des Zentrums herzustellen. Die Jerozolimskie-Allee konnten die Deutschen nun nicht mehr durchgängig befahren – indes umgingen sie das polnische kontrollierte Gebiet einfach.

Gefangene Deutsche werden aus dem PAST-Gebäude geführt, 20. August 1944.

Von dem Bachs oberstes Ziel war, einem Angriff der Roten Armee zuvorzukommen. Dabei ging es ihm weniger um die militärische Notwendigkeit als vielmehr um sein Prestige: Er wollte in die Geschichte eingehen als derjenige, der den Warschauer Aufstand niedergeschlagen hatte. Wie er selbst notierte, dachte er einzig daran, dass »der Aufstand schneller zusammenbricht, bevor die Bolschewisten ganz ran sind«. Eine Weichselquerung der Sowjets wollte von dem Bach deshalb verhindern – und war sich darin mit der Wehrmacht einig. Nach einem Treffen mit Generalmajor Helmut Staedke, dem Stabschef der 9. Armee, erteilte von dem Bach am 3. September den Befehl zum Angriff auf den Stadtteil Powiśle, der unterhalb des Weichsel-Hochufers zwischen der Poniatowski- und der Kierbedź-Brücke lag und sich als Ziel einer Landungsoperation anbot.

Die Kampfgruppe Reinefarth überwältigte die nicht besonders starken Gegner in drei Tagen, wobei auch das Elektrizitätswerk in die Hände der Deutschen fiel. Zugleich zeigte sich die Wehrmacht verwundert, dass die Aufständischen der Altstadt das strategisch wichtige Powiśle nicht verstärkt hatten – falls man ernsthaft mit einem Eingreifen der Sowjetunion rechnete, hätte man ihn dafür vorbereiten sollen. Da sich zu

Aufständische in Czerniaków, an der Ecke der Solec- und der Ludna-Straße

diesem Zeitpunkt allerdings sowohl in Żoliborz wie in Czerniaków andere Flussabschnitte unter Kontrolle der Aufständischen befanden, war in dieser Hinsicht noch nichts verloren.

Das galt umso mehr, als die Deutschen ihre Angriffe zunächst wieder auf das Zentrum lenkten und versuchten, die Durchfahrt durch die Jerozolimskie-Allee wiederherzustellen. Erich von dem Bach schrieb am 5. September an seine Frau: »Gestern früh begann mein Angriff gegen die südliche Hälfte der Stadtmitte. Es geht leider nicht gut vorwärts. Die Polen kämpfen wie die Helden.« Signifikante Fortschritte konnte die SS deshalb nicht erzielen.

Und es zeichnete sich eine neue Herausforderung ab: Am 10. September war die Rote Armee gegen den deutschen Brückenkopf in Praga angetreten, auf dem Warschau gegenüberliegenden Weichselufer. 150 000 Mann mit 35 Panzern pro Kilometer standen gerade einmal 60 000 Soldaten der Wehrmacht gegenüber. Stalin hatte für das symbolträchtige Erreichen der Weichsel die 1. Polnische Infanteriedivision auserkoren, die im Verbund mit Rokossowskis anderen Einheiten schnell die 73. deutsche Infanteriedivision aufrieb und nur von der 19. Panzer-Division kurz aufgehalten wurde. Bereits am 13. September war Praga eingenommen – polnische Einheiten standen sich nun auf beiden Seiten der Weichsel gegenüber. Für die Wehrmacht war das die größte Herausforderung seit Beginn des Aufstands, für die *Armia Krajowa* jedoch ein echter Hoffnungsschimmer. Die Deutschen sprengten noch in derselben Nacht die Brücken über den Fluss.

Angesichts des Vorrückens der Roten Armee auf Praga hatte von dem Bach seinen Plan geändert: Nicht mehr das Zentrum, sondern Czerniaków sollte nun vordringlich erobert werden, weil dort nach dem Fall von Powiśle eine sowjetische Landungsoperation am wahrscheinlichsten erschien. Weil das auch die *Armia Krajowa* so sah, verlegte sie Jan Mazurkiewicz und seine »Radosław«-Eliteeinheit mit 500 erfahrenen Soldaten samt einem Gutteil der noch verfügbaren Munition dorthin. Am 11. September attackierten Reinefarths Truppen sie gemeinsam mit einer weiteren Kampfgruppe unter Generalmajor Günther Rohr – der seit dem 17. August ebenfalls RONA-Truppen sowie SS- und Polizeieinheiten kommandierte – von drei Seiten.

Bereits zwei Tage später war die Einkesselung gelungen und Czerniaków vom Zentrum abgeschnitten. Das von der AK gehaltene Gebiet war etwa einen halben Kilometer lang und kaum halb so breit, aber das reichte 420 Mann der 3. polnischen Infanteriedivision, um in der Nacht auf den 16. September die Weichsel zu überqueren. Für die Deutschen war dies höchst besorgniserregend, denn nun drohte die Bildung eines Brückenkopfs und dann die Vereinigung – oder besser: Ablösung – der Aufständischen durch die Rote Armee.

Aber Stalin, der in den Wochen zuvor keine Anstalten gemacht hatte, die Warschauer Aufständischen zu unterstützen, handelte nun vor allem symbolisch und aus außenpolitischen Gründen: Die Schlacht in der Hauptstadt hatte im Westen einige Aufmerksamkeit hervorgerufen. Zwar verschwieg die deutsche Presse bis zum 18. August das Thema vollkommen, aber danach erschienen bis Anfang Oktober immerhin 20 Artikel bzw. Karikaturen. Diese wiesen die »Schuld« am blutigen Verlauf der Erhebung den Regierungen in London und Moskau zu, welche die *Armia Krajowa* im Stich lassen würden. Im Verlauf der Berichterstattung wandelte sich das von den Aufständischen gezeichnete Bild, die mal als Opfer der Weltpolitik, mal als verantwortungslose Banditen galten. Vorherrschend war aber doch die Interpretation von verlassenen und verratenen Menschen, die für ihre Nation kämpften.

Tatsächlich dominierte letzteres Bild auch in der Presse der Westalliierten. Und obwohl Stalin schon längst entschieden hatte, dass es kein freies Polen mehr geben sollte, konnte und wollte er seine Verbündeten in London und Washington nicht vollkommen vor den Kopf stoßen. Er erlaubte deshalb der Berling-Armee eine Landungsoperation, die ande-

Polen in der Roten Armee

Stalin hatte schon im Sommer 1941, nach dem Angriff der Wehrmacht, erste Einheiten mit den seit 1939 in die Sowjetunion deportierten Polen aufstellen lassen. Diese sogenannte Anders-Armee, benannt nach dem in Gefangenschaft geratenen General Władysław Anders, nahm Moskau aber mehr als potenzielle Bedrohung denn mögliche Hilfe wahr. Anstatt also in deren Ausrüstung zu investieren, erlaubte Stalin die Ausreise von 77 000 Soldaten und 41 000 Zivilistinnen und Zivilisten in den Iran – wobei aufgrund der katastrophalen Bedingungen bei der Verlegung viele Tote zu beklagen waren. Als Polnisches Korps kämpften diese Truppen später an der Westfront.

Weil sich die Beziehungen zwischen der Sowjetunion und der polnischen Exilregierung weiter verschlechterten, ließ Stalin bereits Anfang 1943 Vorbereitungen für ein kommunistisches Nachkriegspolen treffen. Dazu gehörte unter anderem der Aufbau von Streitkräften, an deren Spitze Zygmunt Berling stand: Als Offizier unter Anders hatte er nicht in den Westen gehen wollen, sondern sich 1942 zur Roten Armee gemeldet, wofür er von einem polnischen Militärgericht in Abwesenheit zum Tode verurteilt wurde. Stalin beförderte ihn zum General und übertrug ihm das Kommando über die 1. Polnische Armee innerhalb der Roten Armee.

Zygmunt Berling (1896–1980)

Diese oft Berling-Armee genannten Einheiten umfassten im Sommer fast 80 000 Mann, wobei das höhere Offizierskorps vor allem aus zuverlässigen Rotarmisten bestand. Durch ständigen Personalaufwuchs und die Vereinigung mit der kommunistischen Untergrundorganisation gewannen sie bis Mai 1945, als die Einheiten an der Schlacht um Berlin teilnahmen, eine Stärke von über 300 000 Mann. Nach Kriegsende wurden sie zur Armee der Volksrepublik Polen.

Einmarsch der Roten Armee im östlich der Weichsel gelegenen Stadtviertel Praga, September 1944

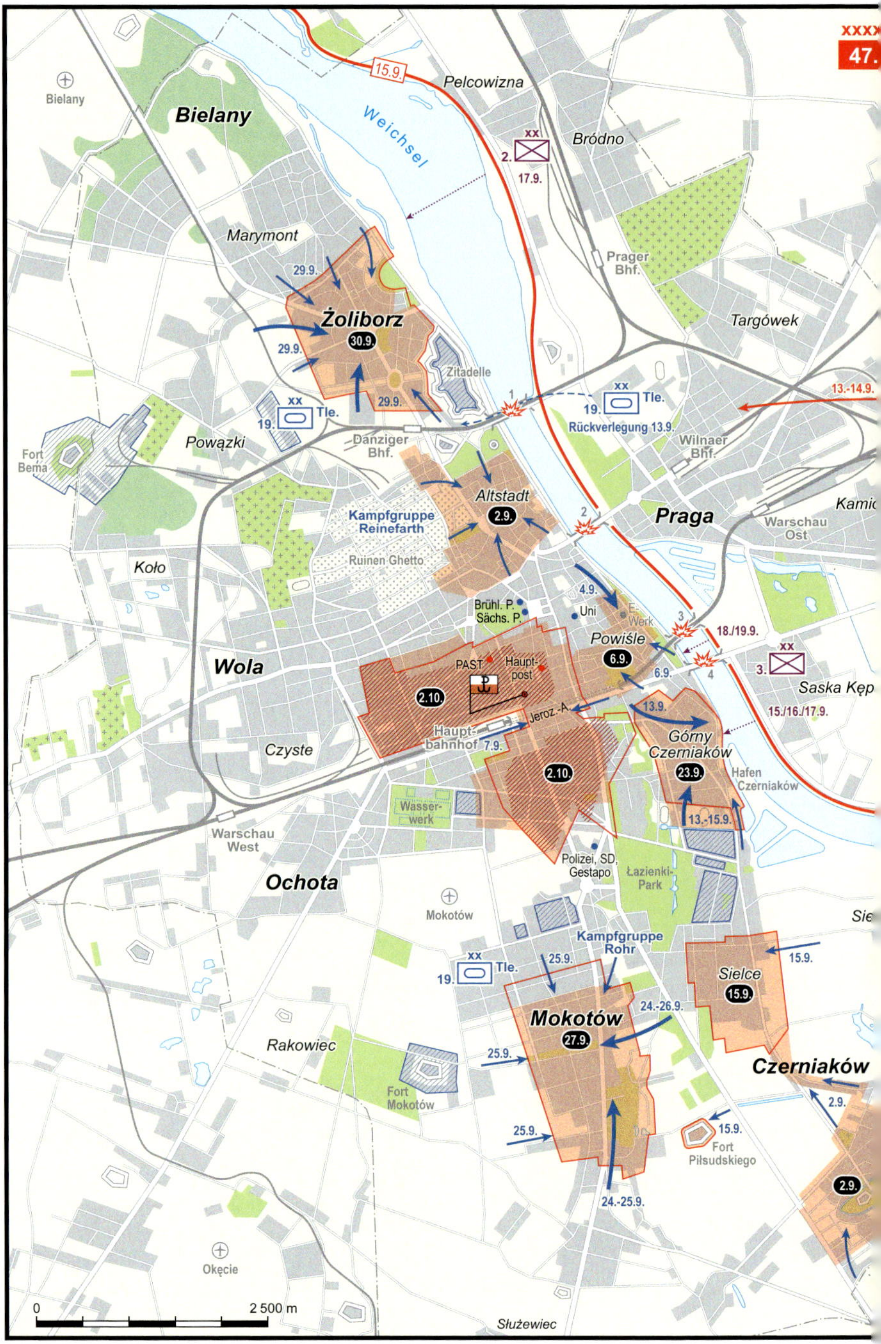
XXXX
47.
Bielany
Bielany
Weichsel
15.9.
Pelcowizna
Bródno
2.
17.9.
Marymont
29.9.
Żoliborz
30.9.
29.9.
Zitadelle
29.9.
19.
Tle.
Prager Bhf.
Targówek
19.
Tle.
Rückverlegung 13.9.
13.-14.9.
Fort Bema
Powązki
Danziger Bhf.
Wilnaer Bhf.
Altstadt
2.9.
Kampfgruppe Reinefarth
Ruinen Ghetto
Praga
Warschau Ost
Kamio
Koło
4.9.
Uni
E-Werk
Brühl. P.
Sächs. P.
Powiśle
6.9.
18./19.9.
3.
Wola
PAST
Haupt-post
2.10.
6.9.
Saska Kęp
15./16./17.9.
13.9.
Jeroz.-A.
Górny Czerniaków
23.9.
Haupt-bahnhof
7.9.
Czyste
2.10.
Hafen Czerniaków
Wasser-werk
13.-15.9.
Warschau West
Polizei, SD, Gestapo
Łazienki-Park
Ochota
Mokotów
Sie
Kampfgruppe Rohr
19.
Tle.
25.9.
15.9.
Sielce
15.9.
24.-26.9.
Mokotów
27.9.
Rakowiec
25.9.
Czerniaków
Fort Mokotów
2.9.
25.9.
15.9.
Fort Piłsudskiego
2.9.
24.-25.9.
Okęcie
0
2 500 m
Służewiec

Der Warschauer Aufstand

Entwicklung im September/Oktober bis zur Kapitulation am 2. Oktober 1944

- Hauptquartier Heimatarmee ab 5.9.
- AK-Kontrolle um den 20.8. herum
- AK-Kontrolle um den 10.9. herum
- Bis zur Kapitulation unter AK-Kontrolle
- 2.9. Kapitulation der aufständischen Bezirke
- AK-besetztes Gebiet in der nördlichen und südlichen Innenstadt am 2.10.
- Angriffe deutscher Truppen
- Institutionen unter deutscher Kontrolle
- 13.9. Brückensprengung durch deutsche Truppen

1 Untere Eisenbahnbrücke
2 Kierbedź-Brücke (Stadtbrücke)
3 Obere Eisenbahnbrücke
4 Poniatowski-Brücke (Neue Brücke)

- Sowjetische Verbände
- Polnische Verbände
- Angriffe sowjetischer und polnischer Vorausverbände
- Sowjetisch/Polnische Front am 15.9. nach der Einnahme von Praga
- Landung polnischer Truppen zur Bildung eines Brückenkopfes

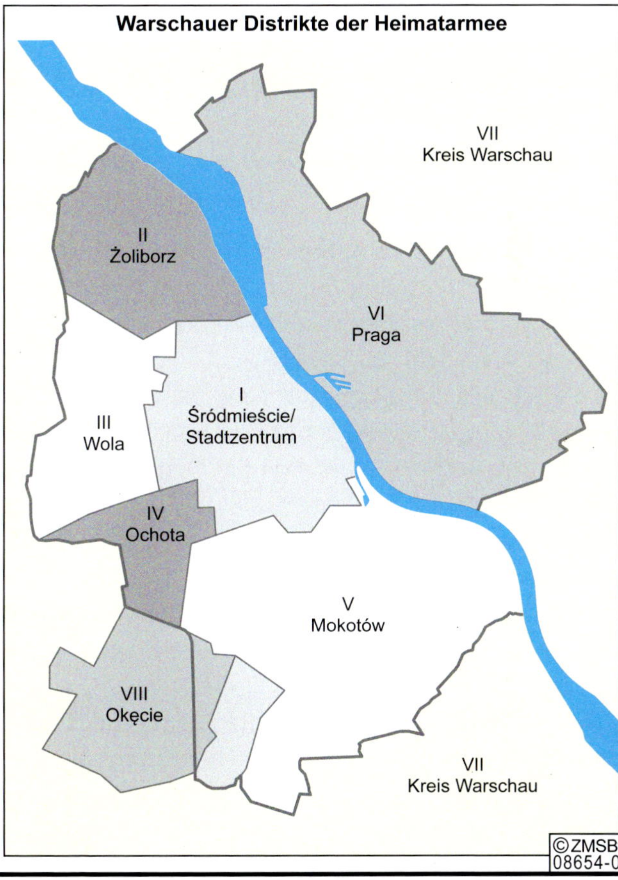

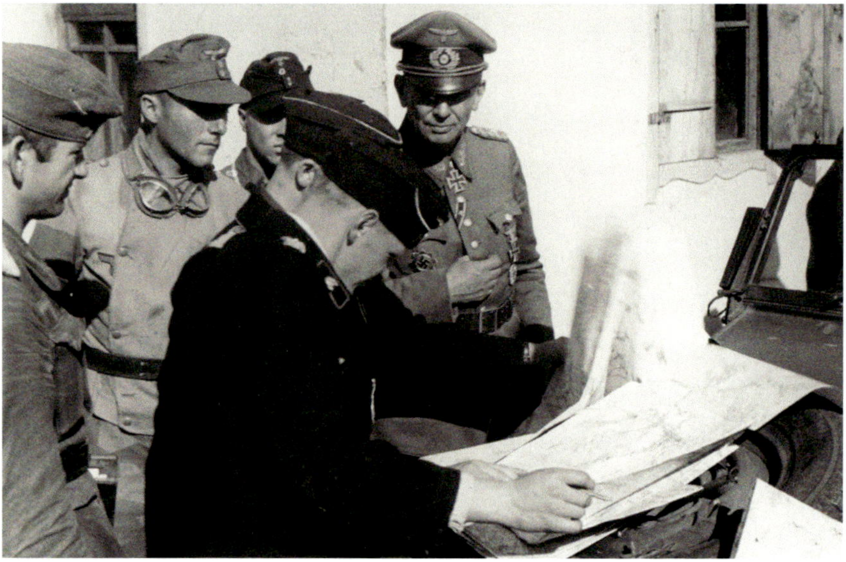

General Nikolaus von Vormann (1895–1959) während einer Lagebesprechung mit Offizieren

re Verbände der Roten Armee zumindest logistisch unterstützten. Und Rokossowskis Truppen, die seit Ende Juli den Brückenkopf von Magnuszew hielten, machten auch keinerlei Anzeichen, daraus auszubrechen und Warschau so zu entlasten.

So blieb das Unternehmen vom 16. September zum Scheitern verurteilt: Die Einnebelung der polnischen Truppen bei der Weichselquerung war unzureichend, sodass die Deutschen bereits ganz zu Beginn massives Feuer auf sie richteten. Und die polnischen Soldaten führten kaum schwere Waffen mit sich, was die vorhandene Artilleriedeckung nur unzureichend ausgleichen konnte. Weitere 450 Mann setzten in der folgenden Nacht über, mussten aber erneut starke Verluste bei den Pontons und Landungsbooten hinnehmen – und die Rote Armee sorgte nicht für Nachschub.

In den beiden folgenden Nächten kam es nicht zu erneuten Landungen. Die Deutschen attackierten die eingeschlossenen Truppen mit starken Kräften, doch erst vom 18. auf den 19. September schickte das polnische Infanterieregiment 9 zwei Bataillone mit nochmals 900 Soldaten über den Fluss. Sie gingen nicht direkt in Czerniaków an Land, sondern zwischen der Poniatowski- und der Kierbedź-Brücke, im bereits von Reinefarth eroberten Powiśle.

General der Panzertruppe Nikolaus von Vormann, der Oberbefehlshaber der 9. Armee, erklärte an jenem Tag, dass man Warschau keinesfalls gegen die Rote Armee halten könne. Aber er stand eben nicht Rokossowskis massierten Truppen gegenüber, sondern Teilen der Berling-Armee. Insofern waren Vormanns Sorgen unbegründet: Stalin hatte noch nicht vor, die polnische Hauptstadt einzunehmen. Stattdessen überließ er die Polen diesseits und jenseits der Weichsel sich selbst.

Und sie kämpften hart. Von dem Bach klagte: »Bei dem täglichen Abgang von 300 Mann Verlusten werden meine Kampfgruppen immer dünner.« Der zweite polnische Brückenkopf konnte sich dennoch nur zwei Tage lang halten. Lediglich 164 Männer erreichten bei der notwendigen Evakuierung das rettende östliche Flussufer. Den Truppen, die den dritten Brückenkopf der 2. polnischen Infanteriedivision nördlich der Zitadelle hielten, erging es nur unwesentlich besser. Sie mussten sich in der Nacht vom 22. auf den 23. September auf das östliche Weich-

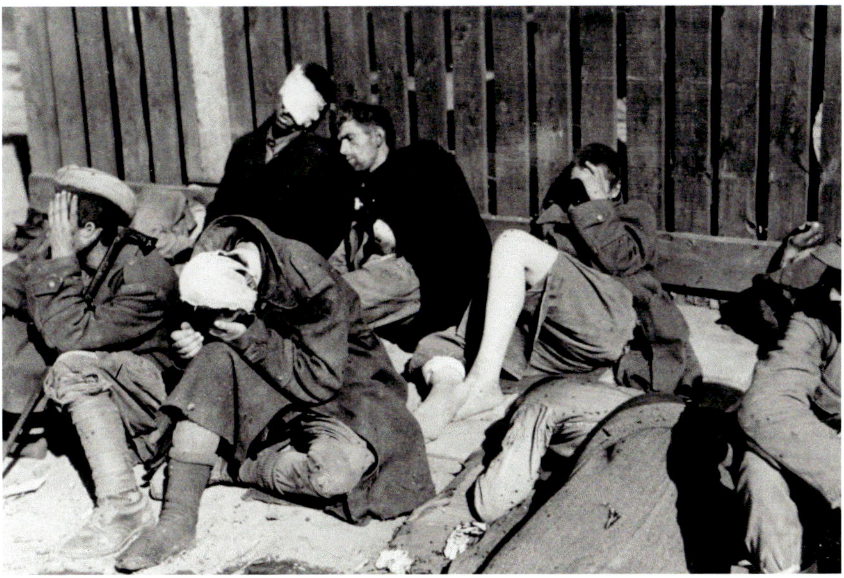

Kriegsgefangene Soldaten der Berling-Armee und der AK in Czerniaków, September/Oktober 1944

selufer zurückziehen, weil die Verbindung mit den Aufständischen in Żoliborz nicht gelang.

Zu diesem Zeitpunkt waren in Czerniaków nur noch zwei Häuser kurz vor der Weichsel in der Hand der Aufständischen. Letztere waren vollkommen erschöpft, größtenteils fehlte es ihnen an Munition, Lebensmitteln und sogar Wasser. An einen Rückzug in Richtung der Roten Armee über die Weichsel war nicht zu denken, es fehlte an Überquerungsausrüstung. Bei einem verzweifelten Ausbruchsversuch gen Zentrum gelangten lediglich fünf Soldaten zu den eigenen Linien, die anderen fielen den Deutschen in die Hände, die in den frühen Morgenstunden des 23. September die letzten Bastionen in Czerniaków eroberten.

Neben dem Zentrum hielt die AK nun lediglich noch Żoliborz und Mokotów. Letzteres, mit seinen großzügigen Vorkriegsbauten ein gehobenes Viertel, in dem bis 1944 viele Besatzer gewohnt hatten, griff die SS am 24. September an. Und obwohl einzelne Objekte wie etwa die Schule an der Woronicza-Straße sieben Mal den Besitzer wechselten,

In Mokotów ziehen deutsche Soldaten einen AK-Kämpfer aus der Kanalisation, 27. September 1944, Propagandafoto.

war die deutsche Überlegenheit doch offensichtlich: Am Abend des 26. September begann die Heimatarmee mit dem Rückzug, erneut via Kanalisation, in Richtung Innenstadt. Als die ersten 800 Mann bereits dort angekommen waren, befahl Antoni »Monter« Chruściel, den Kampf doch fortzusetzen. In den engen Gängen unter den Straßen brach Chaos aus, viele Menschen starben unter der Erde.

Die Kapitulation der verbliebenen etwa tausend Soldaten der *Armia Krajowa* in Mokotów war unausweichlich und wurde in den Mittagsstunden am 27. September vereinbart. Zwei Tage später erstürmte die deutsche 19. Panzerdivision Żoliborz von Süden her. Nach dem ersten Tag hatte sie bereits die Hälfte des Bezirks eingenommen. Am nächsten Tag gestanden die Polen auch dort auf Anordnung der AK-Führung ihre Niederlage ein, denn ein Entkommen über die Weichsel schien aussichtslos.

↗ Beim Stadtkampf werden auch Raketenwerfer eingesetzt, Propagandafoto.

9 Kämpfen oder Kapitulieren?

Nach dem Fall von Żoliborz und Mokotów hielt die *Armia Krajowa* in Warschau immer noch einen substanziellen Teil des Zentrums. Die Lage war indes düster: Die Deutschen hatten die Mitte der Stadt komplett eingekesselt, ein Vorstoß der Roten Armee war nicht abzusehen, zudem plagten Durst, Hunger und Krankheiten die vom ständigen Beschuss zermürbten Menschen. An einen Ausbruch war nicht zu denken, und selbst hinhaltender Widerstand schien angesichts beinahe vollständig erschöpfter Munitionsvorräte hoffnungslos. Tadeusz »Bór« Komorowski ließ seine Gesandten am 2. Oktober gegenüber Erich von dem Bach die Kapitulation der Aufständischen unterzeichnen.

Warum aber hatten sie zwei Monate durchgehalten, obwohl realistisch betrachtet bereits nach dem Massaker von Wola absehbar war, dass ein Sieg aus eigener Kraft, eine Selbstbefreiung nicht gelingen würde? Die Erklärung ist vielschichtig und sollte nicht das heutige Wissen voraussetzen, sondern die Empfindungen und Kenntnisse in jenen Tagen berücksichtigen.

Deutsche Hilfstruppen queren eine unter Beschuss liegende Straße, 30. August 1944. Ganz rechts weht eine weiße Fahne.

Tatsächlich hatte schon für den Beginn des Aufstands der Glaube an ein glückliches Ende den Ausschlag gegeben. Im Hauptquartier der Heimatarmee waren Komorowski und seine Männer überzeugt davon, den Deutschen zumindest einen hinhaltenden Kampf liefern und die Rote Armee gewissermaßen als Hausherrn in Warschau empfangen zu können. Entscheidend war für sie vor allem die Frage, wie lange sie gegen Wehrmacht und SS durchhalten konnten – dass der Gegner ihr turmhoch überlegen war, wusste auch die AK.

Doch die Rote Armee kam nicht. Zuerst kam sie nicht bis zur Weichsel, dann wartete sie auf dem östlichen Flussufer ab. Das hätte keine Überraschung sein sollen, denn bereits am 27. Juli war der polnische Exilpremier Stanisław Mikołajczyk aus London nach Moskau gereist, um mit Stalin zu konferieren. Der ließ ihn warten, schickte zunächst seinen Außenminister Wjatscheslaw Molotow vor, und empfing Mikołajczyk erst am 3. August. Als knallharter Machtmensch kehrte er die Verhältnisse um: Der Aufstand sei keine Trumpfkarte, sondern eine Hypothek für Polen, denn nun brauche es wohl die Hilfe der Sowjetunion. Die *Armia Krajowa* leiste nichts, sie wolle eher kämpfen, als dass sie es tatsäch-

Polnischer Exilpremier Stanisław Mikołajczyk (1901–1966)

Agierte im Dienste Stalins: Bolesław Bierut (1892–1956)

lich tue, und bestehe am Ende nur aus lauter Antikommunisten, die Moskau nicht unterstützen könne. Mikołajczyk solle zunächst die Lubliner Kommunisten anerkennen, dann könne man weiterreden.

Das freilich war für die Exilregierung unannehmbar, denn es wäre einem Verzicht auf den eigenen Machtanspruch gleichgekommen. Aber der Premier musste sich auf Gespräche mit seinen Landsleuten aufseiten Stalins einlassen, um überhaupt auf Zugeständnisse hoffen zu können. Entsprechend frostig war die Atmosphäre: Bolesław Bierut, der spätere volkspolnische Staatspräsident, erklärte Mikołajczyk, dass er zurücktreten solle; bei seiner Ankunft in Polen würde er sowieso verhaftet werden. Im Anschluss an diese Brüskierung verlief ein zweites Treffen mit Stalin überraschenderweise freundlicher und der Premierminister erhielt vom Kremlherrscher tatsächlich die Zusage, er wolle die Aufständischen unterstützen.

Das erfuhr auch die Heimatarmee in Warschau – und wartete vergeblich auf die versprochene Hilfe. Vermutlich war Stalin schlicht davon ausgegangen, dass die Deutschen binnen kurzem siegreich sein würden. Stattdessen sah er sich mit wiederholten Nachfragen der britischen und US-amerikanischen Regierung konfrontiert, die zumindest um die

Stanisław »Tadzio« Kubin auf Beobachtungsposten im vierten Stock eines Hauses in der Marszałkowska-Straße, September 1944

Erlaubnis baten, ihre Flugzeuge nach Abwürfen von Hilfslieferungen für die Aufständischen in der Sowjetunion landen zu lassen. Stalin jedoch schützte allerlei Probleme vor und gestattete dies nicht.

Deshalb mussten die Briten B-24 »Liberator«-Bomber vom italienischen Brindisi aus fliegen lassen – hauptsächlich mit polnischer Besatzung –, wohin diese dann auch zurückkehrten. Bei dieser Entfernung war aber kein Begleitschutz durch Jäger möglich, sodass die deutsche Luftwaffe zahlreiche Maschinen abschoss. Während des Monats August gab es insgesamt 170 Starts – und 29 Flugzeuge gingen verloren. Der Nutzen der Flüge war minimal, denn die allergrößte Schwierigkeit bestand darin, den Nachschub genau über den von Aufständischen gehaltenen Gebieten abzuwerfen. Tatsächlich landete mehr Material bei den Deutschen als bei den Polen. Für deren Moral war es dennoch bedeutsam, zumindest nicht ganz alleine gelassen zu werden.

Wirklich überzeugend war das Engagement des Westens allerdings nicht. Beispielsweise drängte die Exilregierung seit Ende Juli darauf, ihrer *Armia Krajowa* den Status als Kombattanten zuzusprechen, denn völkerrechtlich hatte die polnische Bevölkerung mit der vollständigen

Polnische Zivilisten verlassen Warschau während des Aufstands.

Besetzung das Recht auf bewaffneten Kampf verloren; wer als Zivilist die Waffe ergriff, durfte mit dem Tode bestraft werden. Briten und Amerikaner erklärten allerdings erst am 30. August, dass sie die Angehörigen der Heimatarmee als reguläre Soldaten betrachteten – erneut war dabei Rücksicht auf die Sowjetunion im Spiel, denn die erklärte, dass sie AK-Kämpfer entwaffnen werde und sie folgerichtig nicht als reguläre Truppen ansehe. Dementsprechend hatte sich die Rote Armee beispielsweise in Wilna verhalten.

Natürlich war selbst nach einer solchen Bekundung immer noch unklar, ob Berlin die alliierte Betrachtungsweise akzeptieren würde – bislang hatte Hitler das schließlich vehement abgelehnt. Aber die Londoner Drohung, man werde dann den von den Briten gefangenen deutschen Soldaten keinen Status als Kriegsgefangene mehr zuerkennen, hatte doch einige Überzeugungskraft. Und bereits am 18. August, als von dem Bach den polnischen Kämpfenden in der Altstadt ein Kapitulationsangebot überreichen ließ, versprach er ihnen Kombattantenstatus. In vielerlei Hinsicht waren das bloß leere Worte, denn Gefangene wurden dennoch in großer Anzahl einfach erschossen, was auch die Heimatarmee wusste. Und mehr noch, aus Berlin erging tatsächlich erst am 7. September die Weisung an Wehrmacht und SS, die Angehörigen der AK als reguläre Soldaten zu behandeln.

Kaum verwunderlich also, dass polnische Unterhändler in ihren Sondierungen für eine Kapitulation auf verbindliche Garantien drängten. Im finalen Dokument vom 2. Oktober war deshalb eine entsprechende Passage enthalten. Anfang September aber kam es noch nicht zum Eingeständnis der Niederlage, obwohl gerade »Bór« Komorowski ernsthaft darüber nachdachte. Bereits am 7. September hatte er nach London gemeldet, dass die Lage katastrophal und ein Durchhalten nicht länger möglich sei. Am nächsten Tag gelang Dirlewangers Männern außerdem ein Vorstoß in Richtung Zentrum, den die *Armia Krajowa* nur mit Mühe abwehren konnte.

Die Exilregierung erteilte nun *carte blanche*: Was auch immer Komorowski entscheide, werde auf Billigung und Rückhalt in London stoßen. Und weil der Oberkommandierende einen Zusammenbruch befürchtete, ließ er über das Rote Kreuz Verhandlungen mit Generalmajor Rohr und der Wehrmacht aufnehmen, denn von dem Bach und der SS traute er nicht. Ein erster Waffenstillstand jeweils um die Mittagszeit des 8. und 9. September erlaubte so die Evakuierung von annähernd 30 000 Zivilistinnen und Zivilisten, die freiwillig ins Lager Pruszków gingen. Es war ein deutliches Zeichen für die gesunkene Moral in der Stadt, dass etwa zehn Prozent der Warschauerinnen und Warschauer sich lieber in deutsche Hände begaben, als weiterhin deren unablässigen Angriffen ausgesetzt zu sein.

Am Morgen des 10. September hatte Rohr die Kapitulationsbedingungen akzeptiert, man war sich über ein Ende der Schlacht einig. Doch mehr oder weniger zeitgleich erhielt das Kommando der Heimatarmee aus London Informationen über einen geplanten Großeinsatz der alliierten Luftwaffe. Und erstmals zeigten sich nun sowjetische Jäger über der Stadt und erstritten die Lufthoheit, zudem war am östlichen Weichselufer der Kanonendonner der Roten Armee zu hören, die wieder in die Offensive gegangen war. »Monter«, der Kommandeur der Warschauer Truppen, bedrängte »Bór«, das deutsche Angebot nicht anzunehmen und die Verhandlungen zu beenden: Seine Soldaten wollten und könnten weiterkämpfen. Komorowski brach darauf die Unterredungen mit den Deutschen ohne Ergebnis ab und die Heimatarmee setzte den Kampf fort.

Antoni »Monter« Chruściel

Der 1895 geborene Antoni Chruściel war zunächst Berufssoldat in der österreichisch-ungarischen Armee gewesen. Zeit seines Lebens blieb er stolz darauf, dass seine Einheit 1918 diszipliniert mit allen Waffen in die Garnison zurückgekehrt war.

Im Zwischenkriegspolen setzte er seine Karriere fort, studierte und avancierte bis Kriegsbeginn 1939 zum Oberstleutnant. Nachdem er aus deutscher Gefangenschaft entlassen worden war, engagierte er sich sofort im Untergrund und wurde schnell Kommandeur des Warschauer AK-Bezirks. Als solcher war er Befehlshaber der Aufständischen 1944, selbst wenn er de facto vor allem im Zentrum das Sagen und mit den anderen, abgetrennten Stadtvierteln nur sporadisch Kontakt hatte. Obwohl nur im Range eines Obersten, wurde er während der Erkrankung »Bór« Komorowskis zum starken Mann und eigentlichen Anführer der Heimatarmee. Er setzte auf bedingungslosen Kampf mit allen Mitteln und wollte von einer Kapitulation nichts wissen. Damit unterschied er sich deutlich von seinem zurückhaltenderen und vorsichtigeren Vorgesetzten.

Trotz der Niederlage wurde Chruściel zum Brigadegeneral befördert und begab sich dann erneut in Kriegsgefangenschaft. 1945 emigrierte er zuerst nach London und später nach Washington, wo er sich in Exilkreisen engagierte. Die Volksrepublik entzog ihm dafür die Staatsbürgerschaft und auch den militärischen Rang. Er starb 1960 in den USA. Seine sterblichen Überreste wurden 2004 nach Warschau überführt.

Neben der Gedenkmauer mit den Namen gefallener Aufständischer hängt eine Gedenkglocke für Antoni Chruściel (1895–1960).

Und wirklich schien sich das Blatt nun zu wenden. Die Berling-Armee stand wenig später der AK am anderen Flussufer gegenüber. Am 14. September warfen erstmals auch sowjetische Polikarpow-2-Flugzeuge Material ab. In den nächsten zwei Wochen sollten es 2435 Flüge mit annähernd 50 Tonnen Last werden, gepackt in 50-Kilo-Säcke: Waffen, Munition, Granaten, medizinischer Bedarf und Essen, darunter sogar amerikanisches Dosenfleisch. Aber die roten Flieger nutzten für ihre Pakete keine Fallschirme, sodass diese zwar nur selten in deutsche Gebiete segelten, dafür aber häufig beim Aufprall zerschellten.

Und auch die Amerikaner hatten sich endlich bei Stalin mit ihrem Wunsch durchsetzen können, alliierte Bomber in der Sowjetunion landen zu lassen, was durchgängigen Begleitschutz durch Jäger ermöglichte. Unter der Bezeichnung »Frantic« wurde das Unterfangen zunächst mit Angriffen auf deutsche Städte durchexerziert, bevor am 18. September Boeing B-17 »Flying Fortress«-Bomber über Warschau erschienen und schließlich in Poltawa, in der heutigen Ukraine, landeten. 1250 Behälter mit Versorgungsgütern fielen an Fallschirmen auf die Stadt hinab – und fast 80 Prozent davon in die Hände der Deutschen, die sich unter anderem über Hershey-Schokolade freuten.

Die Hochstimmung der Aufständischen in Warschau wich bald wieder einer Ernüchterung, denn weitere Unterstützung aus dem Westen traf nicht ein. Stattdessen setzten die Deutschen ihre Eroberung einzelner Viertel fort. Am 26. September hingen an den ersten Häusern auch im Zentrum weiße Flaggen, die die Verzweiflung der Bevölkerung si-

Flüchtlinge im Durchgangslager 121 in Pruszków, 30. August 1944

Die Unterzeichnung der Kapitulation, 2. Oktober 1944: Erich von dem Bach, Zygmunt »Zyndram« Dobrowolski (1897–1972), Franciszek »Bogusławski« Herman (1904–1952)

gnalisierten. Von dem Bach träumte weiterhin von Kapitulationsverhandlungen, die ihm und seinen Männern weitere Verluste ersparen würden. Gegenüber seiner Frau stilisierte er sich als Wohltäter der Einheimischen: »Jetzt weiß ich, warum der Herrgott mich noch aufgespart hat. In dieser furchtbaren Zeit voll Blut und Tränen soll ich die Menschlichkeit hochhalten. Es erfüllt mich mit tiefem Glück, so viel Gutes tun zu dürfen.«

Das war an menschenverachtendem Zynismus kaum zu überbieten. In erneuten Gesprächen mit Abgesandten der *Armia Krajowa* schlug von dem Bach am 28. September tatsächlich eine vollständige Evakuierung der Bevölkerung vor, damit die Soldaten beider Seiten ihre Auseinandersetzung ohne zivile Opfer fortsetzen könnten. Komorowski war geneigt, ihm zuzustimmen. Er schickte Emissäre zur Erkundung ins Durchgangslager Pruszków, die aber angesichts der dortigen Zustände ernüchtert zurückkehrten. Zudem drängte Antoni Chruściel einmal mehr darauf, nicht aufzugeben: »Heute weiß der Soldat, dass er, während er kämpft, gleichzeitig die Zivilbevölkerung der Hauptstadt verteidigt. Wenn die Bevölkerung fehlt, kann man erwarten, dass der Soldat sich allein fühlt und nicht in der Lage ist, diesen Trümmerhaufen zu verteidigen, den Warschau heute darstellt.«

Auch diese realistische Einschätzung war durchaus zynisch. Diesmal aber setzte sich Komorowski gegenüber seinem Untergebenen durch. Nach London meldete er, die Evakuierung solle am 1. Oktober beginnen. Weiterkämpfen wolle er nur, wenn die Rote Armee die Weichsel überschreite, sonst bliebe lediglich die Kapitulation. Und so kam es auch: Erst die Waffenruhe, dann am 2. Oktober die Unterzeichnung der Kapitulationsurkunde. Zwei Tage später empfing von dem Bach den Oberkommandierenden Komorowski in seinem Hauptquartier und sicherte ihm ehrenvolle Kriegsgefangenschaft zu. Auch für dessen Soldaten gab er die Zusage, dass es keine Sippenhaft geben werde und die zivilen Angehörigen des Widerstands – etwa der Stadtverwaltung – straffrei bleiben würden. Der Exodus aus Warschau begann, und nicht wenige Menschen waren wütend auf die Heimatarmee und die Exilregierung, die ihnen all diese Zumutungen und Opfer ohne irgendein greifbares Resultat abverlangt hatten.

↗ Ausharren in einem Warschauer Innenhof, 5. Oktober 1944

10 Die Folgen

Am 5. Oktober 1944 erhielt Heinrich Himmler den offiziellen Abschlussbericht von Erich von dem Bach. Er schrieb für seine Korpsgruppe von 1526 gefallenen Deutschen und 44 sogenannten Fremdvölkischen sowie 8374 eigenen Verwundeten. Es ist nicht davon auszugehen, dass er absichtlich die Verluste kleinrechnete, denn es wäre keine gute Idee gewesen, den Vorgesetzten und Reichsführer-SS anzulügen. Allerdings werden später noch Verwundete an ihren Verletzungen gestorben sein, und sicherlich ergaben sich Ungenauigkeiten, sodass die tatsächlichen Zahlen wohl etwas höher ausfielen – zumal von dem Bach keine Angaben zu den Vermissten machte. Etwa 2000 Tote auf deutscher Seite dürften eine realistische Schätzung sein. Deutsche Gefangene waren nach der Kapitulation natürlich freigekommen.

Das drastische Ungleichgewicht der beiden Parteien – und vor allem die exzessive Brutalität der Angreifer – zeigen sich bei einem Blick auf die polnischen Verluste: Etwa 10 000 Gefallene und 6000 Vermisste errechnete eine Publikation des Londoner Exils unmittelbar nach dem Krieg, aber wohlgemerkt nur für die Angehörigen der *Armia Krajowa*,

Soldaten der *Armia Krajowa* begeben sich in Kriegsgefangenschaft.

die demnach zusätzlich 20 000 Verwundete zu verzeichnen hatte: Das waren fast achtmal so viele Tote wie bei den Deutschen.

Von einem mörderischen Exzess lässt sich mit Blick auf die zivilen Opfer sprechen. Auch diesbezüglich gibt es nur Schätzungen, und seriöse Angaben belaufen sich auf mindestens 150 000 umgekommene Warschauerinnen und Warschauer, vermutlich sogar 180 000. Darunter waren sicherlich auch solche, die nicht direkter Gewalteinwirkung erlagen, sondern etwa Seuchen oder Mangelversorgung, aber das war eine Minderzahl. Heinz Reinefarth sprach gegenüber einer deutschen Zeitung im November 1944 mit Stolz von bis zu einer Viertelmillion getöteten Menschen. Ihm sei es zu verdanken, »dass Polens Metropole, von der uns Deutschen in den Jahrhunderten so viel Unheil gekommen ist, als Gefahrenherd endgültig beseitigt worden ist«.

Das war keine übertriebene Behauptung, denn zu jenem Zeitpunkt war Warschau eine menschenleere Steinwüste: Die Täter hatten bereits während der Kämpfe mit der Deportation der Bevölkerung begonnen. Mindestens eine halbe Million Menschen aus der Stadt und weitere etwa 100 000 aus Vororten mussten ihre Häuser und Wohnungen verlassen. Viele davon flohen aus eigenem Antrieb vor der Schlacht und kamen im Generalgouvernement unter, die meisten aber durchliefen das Durchgangslager 121 in Pruszków oder andere, kleinere Lager etwa in Piastów oder Ursus. Der Aufenthalt in diesen Zentren dauerte meist nur wenige Tage, bevor die Deutschen die Betroffenen entweder entließen – ohne Möglichkeit der Rückkehr nach Warschau –, oder aber zur Zwangsarbeit und in Konzentrationslager verschleppten. Rund 60 000 Menschen betraf Letzteres, allein 13 000 wurden in Auschwitz inhaftiert. Ca. 90 000 Männer, Frauen und Jugendliche wurden an die Rüstungsindustrie im Reich übergeben.

Vielleicht tausend Personen verblieben in der nun »gesäuberten« Stadt und versteckten sich weiter vor den Besatzern. Unter diesen sogenannten Robinsons waren auch rund 200 Jüdinnen und Juden. Wie andere Verfolgte des Holocaust wollten sie aus verständlichen Gründen nicht in deutsche Hände fallen – selbst wenn manche das Chaos nutzten, um sich als nichtjüdische Polinnen und Polen auszugeben, und so in der Zwangsarbeit überlebten.

Feierliche Enthüllung des Wandgemäldes zum 100. Geburtstag des polnischen Dichters Krzysztof Kamil Baczyński in Warschau, 22. Januar 2021

Besonders schmerzlich fehlte die in Polen sprichwörtliche »verlorene Generation«, die Jugend der Hauptstadt, welche die Besatzer im Kampf hingemetzelt hatten. Darunter waren Dichter wie der 23-jährige Krzysztof Kamil Baczyński oder der ein Jahr jüngere Tadeusz Gajcy, die nun nicht mehr zum geistigen Wiederaufbau des Landes beitragen konnten.

In Warschau wurden während des Aufstands etwa 25 bis 30 Prozent aller Bauten zerstört. Weite Teile der Metropole lagen damit bereits in Schutt und Asche, denn die ursprünglichen Schäden der Bombenangriffe und Gefechte aus dem Jahre 1939 hatte man zwar in der Zwischenzeit zumindest teilweise beseitigen können, aber bei der Zerstörung des Ghettos nach dem dortigen Aufstand im Frühjahr 1943 hatte die SS weitere 15 Prozent des Baubestands vernichtet; das KZ Warschau war vor allem eingerichtet worden, weil man Arbeitskräfte zur Enttrümmerung und Verwertung der dabei entstehenden Materialien brauchte.

Ab Oktober 1944 ging die SS dazu über, systematisch alles zu plündern, was auch nur irgendeinen Wert hatte, und dann die Gebäude zu sprengen oder mit Flammenwerfern in Brand zu setzen. Sie hatte es insbesondere auf administrative und repräsentative Bauten abgesehen, weil es nicht zuletzt um die symbolische Vernichtung der polnischen Hauptstadt ging. Heinrich Himmler hatte das in seiner bereits erwähnten Rede Ende September ganz offen gesagt:

> »Außerdem habe ich gleichzeitig den Befehl gegeben, dass Warschau restlos zerstört wird. [...] Der Befehl lautete: Jeder Häuserblock ist niederzubrennen und zu sprengen, sodass sich in Warschau keine Etappe mehr festnisten kann.«

Architekturentwürfe für eine »neue deutsche Stadt Warschau« hatte es seit 1939 immer wieder gegeben. Sie liefen auf eine radikale Verkleinerung der bewohnten Fläche hinaus, auf der nach dem Krieg eine rein deutsche Provinzstadt für 130 000 Menschen entstehen sollte. Im Grunde wäre außer der historischen Altstadt – die den Nationalsozialisten als deutsch galt – sowie der während der sächsischen Königszeit im 18. Jahrhundert entstandenen Anlagen kaum mehr als ein Verkehrsknotenpunkt übriggeblieben.

Bis 1944 hatte man dieses Konzept, das sich in die Idee eines Großgermanischen Reiches bis hin zum Ural einfügte, noch nicht umge-

Ruinenlandschaft: Große Teile von Warschau wurden nahezu vollständig zerstört.

setzt. Der niedergeschlagene Aufstand bot nun die Gelegenheit, Tabula rasa zu machen. Der SS- und Polizeiführer Paul Geibel übernahm mit seinen Männern diese Arbeit. Dass es dabei explizit nicht um militärische Vorbereitungen für einen Angriff der Roten Armee ging, zeigt eine Beschwerde von Generalleutnant Eberhard Kinzel, der für das XXXXVI. Panzerkorps im Dezember 1944 direkt bei Himmler intervenierte: »SS-Brigadeführer Geibel sprengt zur Zeit politisch besonders wichtige, taktisch völlig unwichtige Objekte.« Seinen Sprengstoff könne die Wehrmacht wesentlich sinnvoller nutzen, meinte Kinzel.

Weitere 35 Prozent der Bausubstanz wurden auf diese Weise vollkommen vernichtet, sodass gegen Ende des Krieges weniger als 10 Prozent der Stadt noch standen. In Schutt und Asche gelegt waren insbesondere 923 historische Gebäude (94 Prozent des Bestands vor 1939), 25 Kirchen, 14 Bibliotheken – darunter die Nationalbibliothek –, 81 Grundschulen, 64 Gymnasien, die Universität Warschau, die Technische Hochschule und die meisten Denkmäler. Im Jahre 2004 schätzte eine polnische Kommission den materiellen Schaden dieser Zerstörungsorgie auf den Zeitwert von rund 50 Milliarden Euro.

Während der Zerstörung Warschaus blieb die Ostfront weitgehend statisch. Im Herbst 1944 eroberte die Rote Armee den größten Teil des Baltikums und stieß nach Ostpreußen vor. Eine weitere Schlacht wurde in Ungarn geschlagen, wo den Sowjets an Weihnachten die komplette Einschließung Budapests gelang. In Polen versammelte Stalin bis Jah-

Die neu aufgebaute Marszałkowska-Straße in Warschau, 1. Juli 1956

resbeginn 1945 gewaltige Kräfte für den finalen Vorstoß auf Berlin, sodass den 75 deutschen Divisionen 163 wesentlich besser ausgestattete sowjetische gegenüberstanden. Am 12. Januar begann die Weichsel-Oder-Operation. Aus den Brückenköpfen von Magnuszew und Puławy, etwa 60 bzw. 120 Kilometer südlich von Warschau gelegen, trat die 1. Ukrainische Front zur Offensive an. Die deutsche 9. Armee hatte dem nichts entgegenzusetzen, sodass die polnische Hauptstadt bereits am 17. Januar fiel. Zwei Tage danach erging der Befehl Leopold Okulickis, des Nachfolgers von Tadeusz Komorowski, zur Selbstauflösung der *Armia Krajowa.*

Den Wiederaufbau Warschaus propagierte die neu eingesetzte kommunistische Regierung als nationale Aufgabe und ließ dafür sogar historische Bauten aus den ehemaligen deutschen Ostgebieten abtragen. Die Altstadt entstand neu, teilweise nach Gemälden Bernardo Bellottos aus dem 18. Jahrhundert – modernisiert, nicht immer exakt rekonstruiert, aber strahlend schön ist sie heute Teil des Weltkulturerbes. Gerade symbolische Bauten wie das alte Königsschloss, das kaum mit einem sozialistischen Gesellschaftsideal zu vereinbaren war, brauchten zum Teil Jahrzehnte bis zur Vollendung – und bedurften Spenden der Stadtgesellschaft. Das Sächsische Palais oder auch das Brühlsche Palais, der historische Sitz des gleichnamigen sächsischen Ministers im 18. Jahrhundert, in dem von 1939 bis 1944 der deutsche Gouverneur von Warschau Ludwig Fischer residierte, sind bis heute nicht wiedererstanden.

Tatsächlich konnte und sollte längst nicht alles gerettet werden, zu wichtig fand die kommunistische Regierung stalinistische Neubauten wie jene in der Marszałkowska-Straße, die den Bau der Ostberliner Karl-Marx-Allee inspirierten. Vielfach nutzte man die Gelegenheit, ganze Straßenzüge zu verlegen und neu zu ziehen, um riesige Schneisen in die Stadt zu schlagen. Als sich später das Bautempo verlangsamte, wuchsen Plattenbauviertel in die Höhe. Das Warschau des 19. Jahrhunderts, das von den Aufständischen am längsten gehaltene Zentrum, erstand nicht wieder.

Neben diese sichtbare Abrechnung mit der Vergangenheit trat diejenige mit der *Armia Krajowa*. Die kommunistische Regierung sah in ihr eine reale Bedrohung ihrer eigenen Herrschaft. Und nachdem Stalin bereits während des Krieges für die Bedeutungslosigkeit der in London weilenden Minister gesorgt hatte, geriet die zweite Hälfte der 1940er

Jahre zu einer Hexenjagd auf die Anführer der Heimatarmee – die sich nun in der Tat auch als Widerstand gegen die 1944 gegründete Volksrepublik Polen verstand.

Tadeusz »Bór« Komorowski oder Antoni »Monter« Chruściel gingen nach der Befreiung aus der Kriegsgefangenschaft ins Exil. Sie konnten schon deshalb nicht zurückkehren, weil ihnen die kommunistische Regierung die Staatsbürgerschaft entzogen hatte und mit politischer Verfolgung drohte. Aber für viele andere Angehörige der AK war eine Flucht nicht möglich. Sie waren Repressalien ausgesetzt oder gezwungen, ihre Vergangenheit zu verheimlichen.

Hauptmann Wacław Micuta etwa, der Panzerkommandant und Befreier des KZ Warschau, schwieg über seine Heldentaten und emigrierte 1948 in die Schweiz, wo er ein hochangesehener Mitarbeiter der Vereinten Nationen wurde und sich für die Länder des globalen Südens engagierte. Sein Vorgesetzter Oberst Jan Mazurkiewicz, der unter dem Decknamen »Radosław« die Kedyw-Elitetruppe angeführt hatte, setzte sich zunächst für eine Verständigung mit dem neuen Regime ein, weil er einen weiteren Kampf für aussichtslos hielt. Dennoch verhafteten ihn die kommunistischen Behörden 1949, versuchten unter Folter Geständnisse und Aussagen gegen frühere Gefährten zu erpressen, und verurteilten ihn schließlich 1953 in einem Schauprozess zu lebenslanger Haft. Immerhin kam er im Zuge der Entstalinisierung 1956 wieder frei; sein ehemaliger Vorgesetzter Brigadegeneral August »Nil« Fieldorf, gegen den er nicht aussagen wollte, wurde wegen seiner Widerstandstätigkeit 1953 in der Volksrepublik Polen hingerichtet.

Diese gebrochenen Biographien unterschieden sich deutlich von denen der prominenten Täter aus dem Warschauer Aufstand. Der Kollaborateur Bronislaw Kaminski war zwar noch am 28. August 1944 von einem deutschen Standgericht in Litzmannstadt zum Tode verurteilt und hingerichtet worden, aber die Umstände sind bis heute nicht völlig geklärt – mit den Gewaltexzessen seiner Männer hatte das Urteil definitiv nichts zu tun, sondern eher damit, dass er sich Plünderungsgut angeeignet hatte, das die SS für sich beanspruchte.

Rainer Stahel war wohl der bekannteste Akteur, der in sowjetischer Kriegsgefangenschaft unter anderem wegen der Warschauer Verbrechen verurteilt wurde und 1955 in Haft verstarb. Verglichen mit Männern wie Heinz Reinefarth, der nach dem Krieg ein beschauliches Leben auf Sylt

„Über die gesetzlosen Zustände im Gau Ostpreußen in Partei und Verwaltung unter der verantwortlichen Führung des Gauleiters und Oberpräsidenten Erich Koch."

Das war zuviel — am 21. November wurde Wolff zu Koch zitiert, der die Herausgabe der Durchschriften des Memorandums verlangte, offensichtlich, um den genauen Inhalt zu erfahren. Es kam zu einer Prügelei im Kampfzeitstil zwischen Koch, seinem Stellvertreter Großherr, seinem Adjutanten Reck und Oberbürgermeister Dr. Will auf der einen, Wolff auf der anderen Seite. Wolff unterlag der Übermacht, rückte aber die Kopien nicht heraus.

Ziemlich übel zugerichtet, flüchtete er zu Bach, der allgemein als Kochs Feind galt. Bach nahm den Wolff in Schutzhaft, ließ ihn vernehmen, ordnete eine polizeiärztliche Untersuchung Wolffs an und meldete den Vorfall fernschriftlich Himmler und Göring. Himmler erschien mit einer Untersuchungskommission in Königsberg.

In der Zwischenzeit hatte Bach Hunderte von Belastungszeugen gegen Koch gesammelt. Himmler ließ Koch am 26. November nach Berlin transportieren. Gleichzeitig wurde der Gauleiter aller seiner Ämter enthoben. Laut Paul Wolff kam Koch dann nach Groß-Lichterfelde, wo er erschossen werden sollte. Am 22. Dezember aber setzte Hitler seinen Koch wieder in die alte Machtfülle ein; Himmler sprach fortan nur noch von „diesem Schweinehund Koch".

Bach bekam — im Parteijargon ausgedrückt — ein Parteiverfahren an den Hals, in dem Heß sich für ihn verwandte, Göring aber gegen ihn war. Schließlich wurde er — am 15. Februar 1936 — als Führer des SS-Oberabschnitts Sudost nach Breslau versetzt.

Es war ein Gefecht ohne Sieger und Besiegte. Daß der offene Anschlag gegen Koch für ihn so glimpflich ablief, führt Bach auf die Sympathien zurück, die er, Bach, als „Treuester aller Treuen" bei seinem Führer genossen habe.

Hitler erteilte dem treuen Bach auch Absolution in einer Sache, in der er sonst weniger rücksichtsvoll war Bachs beide Schwestern hatten vor 1933 Juden geheiratet. Nach der Machtübernahme durch die Partei und ihren Bruder wanderten beide nach Südamerika aus. Dort leben sie heute noch mit ihren Männern: Wanda ist mit einem Geigenspieler namens Schwiff verheiratet, Ella mit einem Kaufmann namens Kohls Bach behauptet, er habe aus diesem Grunde niemals Befehle zur Judenliquidation erhalten — man habe ihn schonen wollen, vielleicht habe er in diesem Punkte aber auch als nicht zuverlässig gegolten.

Im Kriege avancierte von dem Bach zum Chef der Bandenkampfverbände Ost. So fiel ihm schließlich — im Jahre 1944 — die Aufgabe zu, den Aufstand der nationalpolnischen Widerstandsorganisationen niederzuschlagen. Er entledigte sich seiner Aufgabe in einer Manier, für die ihm einige seiner Gegner später Hochachtung zollten. Wie es scheint, waren in der Brust des Landsknechts damals längst verschüttete Ideale von soldatischer Ritterlichkeit noch einmal lebendig geworden. Der Führer der Insurgenten, der polnische General Bor-Komorowski, bescheinigte ihm ausdrücklich Fairneß und Humanität; Komorowski kam nach der Kapitulation Warschaus in ehrenvolle Haft und emigrierte bei Kriegsende nach London.

In der Tat hatte sich Bach, als er in Warschau Kenntnis von Ausschreitungen ihm unterstellter Verbände — darunter die aus russischen Freiwilligen und deutschen Kriminellen gebildeten Brigaden Kaminski und Dirlewanger — erhielt, beim Chef des Generalstabs, Generaloberst Guderian, beschwert. Darüber Heinz Guderian in „Erinnerungen eines Soldaten":

„Mit der Niederwerfung des Aufstandes wurde der Reichsführer SS beauftragt, der seinerseits den SS-Gruppenführer von dem Bach-Zelewski und eine Anzahl SS- und Polizeiformationen hierzu einsetzte ... Von dem Bach selbst berichtete mir ... von den Ausschreitungen seiner Untergebenen, deren er nicht Herr zu werden vermochte. Was ich da erfuhr, war so haarsträubend, daß ich mich veranlaßt sah, noch am gleichen Abend Hitler darüber Vortrag zu halten und die Entfernung der beiden Brigaden von der Ostfront zu fordern."

Aber einige Zeilen weiter gibt Guderian zu verstehen, wie er über von dem Bachs Rolle in Warschau dachte: „Nun blieb keine Wahl, als meinem Antrag (auf Abzug der Einheiten Kaminski und Dirlewanger) stattzugeben. Von dem Bach ließ vorsorglich Kaminski noch erschießen und beseitigte damit einen nicht einwandfreien Zeugen."

Dieser Bach, der heute jedem, der es hören will, unbefangen erklärt, er sei zu alt, um noch Demokrat zu werden, wurde 1945 von einem Wahrheits-Paroxysmus befallen, der ihm schließlich unter den Männern seiner Couleur den Ruf eines „Ehrenzeugen" des Nürnberger Internationalen Militär-Tribunals einbrachte. Er paradierte vor alliierten Richtern nicht als Angeklagter, sondern als gehätschelter Kronzeuge.

Den Amerikanern erschien Bachs Bekenntniswut als Läuterung, den einstigen Genossen und Genossinnen aber je nach

Warschauer Aufstand 1944: Der Insurgenten-Chef bescheinigte ...

... dem Gegner Fairneß: Gefangener polnischer General **Komorowski** (l.)

DER SPIEGEL 2/1959 informierte in seinem Artikel »Die Toten stehen auf« über die Rolle von dem Bachs im Warschauer Aufstand.

führte und sich nie vor Gericht verantworten musste, war Stahel allerdings kein Hauptschuldiger. Von ihnen erfuhr nur Oskar Dirlewanger Vergeltung, freilich in Form von Selbstjustiz: Vermutlich polnische Soldaten oder ehemalige Zwangsarbeiter misshandelten ihn im Gefangenenlager so sehr, dass er am 7. Juni 1945 seinen Verletzungen erlag.

Nachgerade absurd war der Fall von Erich von dem Bach. Gleich nach Kriegsende hatte er seinen von 1940 bis 1945 nicht geführten Beinamen Zelewski wieder angenommen, um sich so als Freund der Polen zu stilisieren. Diesen Namen hatte er zwischenzeitlich abgelegt, um seine kaschubische Herkunft zu verschleiern. Er trat als Zeuge der Anklage im Nürnberger Prozess auf und musste deshalb in Polen lediglich gegen Ludwig Fischer, den ehemaligen Gouverneur von Warschau, aussagen, wurde danach aber wieder nach Deutschland überstellt. Nicht zuletzt, weil ihm Tadeusz Komorowski für seine Verhandlungsführung bei der Kapitulation ein gutes Leumundszeugnis ausgestellt hatte, stand er wegen seiner Warschauer Verbrechen nie vor Gericht. Aber er wurde wegen Mordes an deutschen Kommunisten in der Vorkriegszeit verurteilt und 1961 – kurz nach einer Aussage für die Verteidigung im israelischen Prozess gegen Adolf Eichmann – zu lebenslanger Haft verurteilt. Er starb 1972 im Haftkrankenhaus München-Harlaching.

➚ **Fotos am Park der Freiheit und Aussichtsplattform vom Museum des Warschauer Aufstands in Warschau**

11 Das Gedenken

Die kommunistische Volksrepublik Polen tat sich schwer mit der Erinnerung an den Warschauer Aufstand. Gemäß der offiziellen Lesart war er eine reaktionäre Erhebung, die sich auch gegen die verbündete Sowjetunion gerichtet hatte: Nur auf ihre Ehre bedachte Generäle hätten auf verbrecherische Weise die einfachen Kämpferinnen und Kämpfer ausgenutzt und die Zivilbevölkerung geopfert, um für ein überkommenes System zu streiten. Einzig die kommunistische *Armia Ludowa* habe auf der Seite des Volkes gestanden und tatsächlich gegen die Deutschen gekämpft.

Diese Deutung fügte sich ein in die Vergangenheitspolitik des Ostblocks, die vollkommen auf die Rolle Moskaus als Befreier der unterdrückten Nachbarn ausgerichtet war – und die stalinistischen Verbrechen ignorierte oder sogar leugnete. Das ging Hand in Hand mit der Verfolgung der politischen Gegner, die im Grunde nur das fortsetzte, was während der sowjetischen Besatzung Ostpolens 1939 bis 1941 angefangen hatte. Und so mussten die Kommandeure der *Armia Krajowa* entweder emigrieren oder die neue Staatsmacht fürchten. Selbst das

Opfergedenken blieb auf kleine Feierlichkeiten auf Friedhöfen beschränkt.

Ein kritischer Blick auf die Unterdrückung durch den übermächtigen sowjetischen Nachbarn wurde in Polen bis 1989 von staatlicher Seite nicht gestattet. Und so blieb auch Stalins verweigerte Unterstützung für den Warschauer Aufstand ein Tabuthema. Denkmäler entstanden zunächst nur für den Aufstand im Warschauer Ghetto, der als internationale Erhebung der Opfer des Faschismus unter entscheidender Beteiligung sozialistischer und kommunistischer Bewegungen dargestellt wurde.

Andererseits waren die Folgen der deutschen Zerstörungsorgie in der Hauptstadt für viele Jahre unübersehbar. Und weil tatsächlich fast alle Warschauerinnen und Warschauer im Aufstand gelitten – und nicht wenige auch gekämpft – hatten, musste sich die kommunistische Staatsführung trotz mehrjähriger Leugnung des Gedenkens irgendwann dazu positionieren. Sie ließ sich über eine Dekade Zeit, bis der 1. August als regulärer Gedenktag begangen wurde – freilich in der Lesart des heldenhaften, von verantwortungslosen Führern missbrauchten Volkes. Und

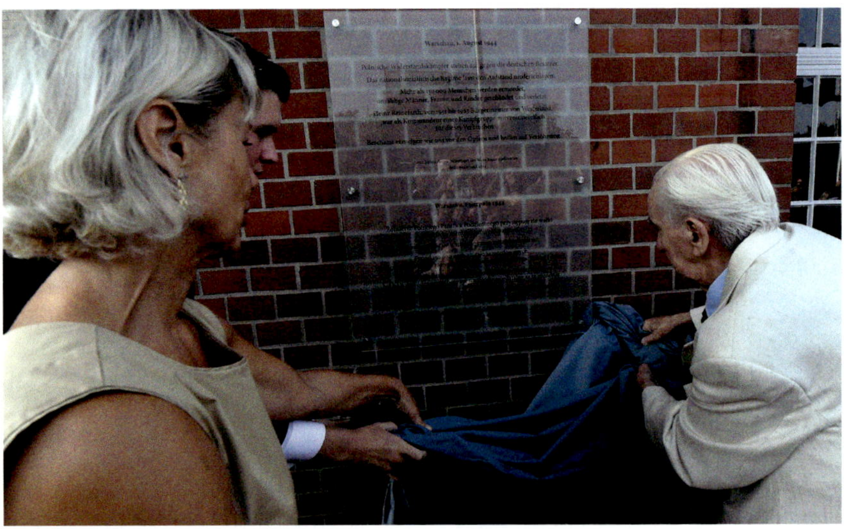

Die Westerländer Bürgermeisterin Petra Reiber und Zeitzeuge Ernst-Wilhelm Stojan enthüllen am 31. Juli 2014 am Rathaus auf Sylt eine Mahntafel. Sie erinnert daran, dass der langjährige Westerländer Bürgermeister Reinefarth mitverantwortlich für die Verbrechen der Nationalsozialisten war.

erst ab dem Jahrestag 1964 tauchten überall in der Stadt unscheinbare, stets gleich gestaltete Erinnerungstafeln an den Häuserwänden auf, die auf an dieser Stelle im Aufstand getötete Polinnen und Polen hinwiesen.

Ein großes, zentrales Denkmal entstand allerdings nicht. Willy Brandts Kniefall 1970 fand auch deshalb vor dem Monument für die Aufständischen des Warschauer Ghettos statt – es gab schlicht keinen anderen geeigneten Ort. Und so ist die in Deutschland verbreitete Interpretation dieser Geste als Holocaust- und Opferanerkennung zwar durchaus zutreffend, die polnische Wahrnehmung war jedoch eine andere: Die kommunistischen Medien deuteten das Niederknien als Reverenz für internationale Widerstandskämpfer. Zum Symbol der deutsch-polnischen Aussöhnung, dem in Warschau inzwischen selbst ein Denkmal gewidmet ist, wurde Brandts Handlung vielleicht gerade deshalb, weil die zeitgenössische Einordnung nicht auf beiden Seiten der Oder gleich ausfiel.

In Deutschland blieb der Aufstand weitgehend vergessen, obwohl 1957 in der DDR die Dokumentation *Urlaub auf Sylt* Heinz Reinefarths Verbrechen und dessen Nachkriegskarriere thematisiert hatte. Das bislang einzige Buch eines deutschen Autors über den Aufstand erschien zwar bereits 1962, aber danach folgte beinahe 50 Jahre nichts mehr – lediglich vereinzelte Übersetzungen oder Sammelbände sowie eine gleich auf Deutsch verfasste Darstellung des polnischen Historikers Włodzimierz Borodziej.

Bundespräsident Roman Herzog verwechselte bei einem Interviewtermin vor seinem Besuch in Polen 1994 sogar die beiden Revolten von 1943 und 1944. Auf ebenfalls niedrigem Niveau ist der Warschauer-Ghetto-Aufstand von 1943 hierzulande bekannter, selbst wenn deutsch-polnische Ausstellungsprojekte in den letzten Jahren Aufmerksamkeit auf die Ereignisse 1944 gelenkt haben.

Dieses fehlende Wissen ist nicht nur angesichts von fast 200 000 Toten und einer zerstörten Hauptstadt bedauerlich, sondern auch wegen der zentralen Rolle für das nationale Selbstverständnis unseres Nachbarlandes: Der Mythos des Aufstands verbindet das Gedenken an Opfer mit dem an Helden, und zugleich zeigt er Polen als Mittelmacht zwischen den beiden großen Rivalen Deutschland und Russland, die viel zu oft über dessen Schicksal entschieden. Die symbolische Bedeutung von Warschau 1944 ist kaum zu überschätzen.

Das Denkmal des Kleinen Aufständischen

Gerade die sowjetische Rolle thematisierte die antikommunistische Opposition der Solidarność-Gewerkschaft, welche die Vergangenheit zu einem wichtigen Schauplatz der intellektuellen Konfrontation mit dem Regime machte. Das verweigerte Andenken an die Aufständischen konnte sie dabei ebenso anführen wie das Abwarten der Roten Armee auf dem östlichen Weichselufer. So bildete 1944 gewissermaßen den Abschluss des stalinistischen Angriffs auf Polen, der 1939 begonnen hatte und über die Morde an polnischen Eliten in Katyn bis nach Warschau führte – und so die Herrschaft der regierenden Polnischen Vereinigten Arbeiterpartei erst ermöglichte.

Weil deren zahlreiche Lügen und Geschichtsfälschungen so offensichtlich waren, konnten die Kommunisten in dieser Auseinandersetzung um die Vergangenheit nicht gewinnen: Die Solidarność trieb die Regierung in der geschichtlichen Auseinandersetzung vor sich her. Während die DDR-Führung bis zuletzt von der Selbstzuschreibung als antifaschistisches Bollwerk zehrte, die ihr sogar viele Gegner zubilligten, war das Warschauer Regime innenpolitisch vollauf historisch kompromittiert.

Selbst umfassende Zugeständnisse verhinderten die bittere Niederlage des Staatsapparats auf historischem Gebiet nicht. Ganz im Gegenteil führten sie allen vor Augen, was die Opposition erreichen konnte und was bislang verschwiegen worden war. Beispielhaft dafür ist das Denkmal des Kleinen Warschauer Aufständischen, das bereits 1946 als Skulptur entstand. Es zeigt ein Kleinkind mit Stahlhelm und Maschinenpistole und trug ursprünglich den Namen »Kind-Held«. Aufgestellt wurde es nicht, aber Miniaturkopien erfreuten sich in vielen Warschauer Familien großer Beliebtheit.

Zwar hatten Kinder 1944 nicht gekämpft, und selbst die legendäre Pfadfinder-Post betrieben in aller Regel jugendliche Kuriere. Dennoch engagierten sich diese Gruppen, um die ursprüngliche Plastik als Denkmal zu errichten, und sammelten die notwendigen Gelder. 1983 erfolgte die feierliche Einweihung vor den Resten der mittelalterlichen Stadtmauer, die zu einer Massendemonstration der nichtkommunistischen Zivilgesellschaft wurde. Bis heute erfreut sich die ikonische Skulptur großer Beliebtheit unter der Bevölkerung, fast immer finden sich frische Blumen zu ihren Füßen, zudem lassen sich Hochzeitspaare davor ablichten.

1984 genehmigte das Regime endlich das langersehnte zentrale Monument für den Aufstand. Für das prominent auf dem Krasińskich-Platz

Denkmal des Warschauer Aufstands auf dem Krasińskich-Platz

gelegene Werk mussten ebenfalls erst Spenden gesammelt werden: Zwei nicht direkt verbundene, überlebensgroße Figurengruppen aus Metall, stilistisch nahe am sozialen Realismus, stellen Widerstandskämpfer dar, die von einer Barrikade aus einen Sturmangriff unternehmen. Etwa 20 Meter von ihnen entfernt klettern weitere Männer – Frauen sind durch das Denkmal gar nicht repräsentiert – aus der Kanalisation hervor, während ihnen ein Priester zusieht. Die katholische Kirche bekam damit einen herausgehobenen Platz zugewiesen, weshalb die Einweihung fünf Jahre später nicht nur durch Staatspräsident Wojciech Jaruzelski erfolgte, sondern auch mit dem Segen von Primas Józef Glemp.

Die Zeichen des Wandels waren nicht mehr zu übersehen. Nach dem Fall des Eisernen Vorhangs, im nun wieder demokratischen Polen, durften die Aufständischen endlich als Heldinnen und Helden gelten. Es gab Feierlichkeiten zu ihren Ehren, nationale Gedenkorte für die *Armia Krajowa* und den Aufstand von 1944 wurden erbaut, zentrale Plätze nach ihnen umbenannt. Diese ungebrochene Welle an Popularität hält bis heute an. In den 2010er Jahren war landesweit eine richtiggehende Flut an Umbenennungen von Straßen und bislang namenlosen Grünflächen oder Kreuzungen zu Ehren von Kämpferinnen und vor allem Kämpfern der Heimatarmee zu beobachten.

Und auf Initiative des Warschauer Stadt- und späteren Staatspräsidenten Lech Kaczyński entstand 2004 im ehemaligen Straßenbahn-Elektrizitätswerk, das 1944 ein wichtiger Stützpunkt der AK gewesen war, das Museum des Warschauer Aufstands. Es entwickelte sich schnell zum beliebtesten Museum der Stadt.

Das Museum des Warschauer Aufstands

Das 2004 eingeweihte Museum ist die prägende Institution der postkommunistischen Gedenk- und Erinnerungslandschaft in Polen. Auf rund 3000 Quadratmetern Ausstellungsfläche stellt es die Heldensaga des Aufstands dar. Im Vordergrund steht nicht die kritische Auseinandersetzung, sondern eine Erlebniswelt, die den Besucherinnen und Besuchern – darunter viele Schulklassen – ein Eintauchen und gewissermaßen ein Nachempfinden ermöglichen soll.

Die Institution steht damit exemplarisch für narrative Museen, die auf

B-24 »Liberator«-Bomber im Museum des Warschauer Aufstands

eindringliche Weise eine Geschichte erzählen. Die Folge ist ein Rausch aus Sinneseindrücken – von allen Ecken und Enden sind Geräusche zu hören, Multimediastationen bieten historisches Filmmaterial und Interviews mit Überlebenden; in einer Druckerei können Untergrundpamphlete selbst hergestellt werden und sogar die Replik eines Kanalisationstunnels – freilich sauber und trocken – ist begehbar.

Das Museum hinterlässt einen bleibenden Eindruck. Die vermittelten Lehren hingegen sind schlicht: Es ist heldenhaft und gut, für Polen zu kämpfen – das zeigt auch der »Raum des kleinen Aufständischen«, in dem Kinder spielen können; die Kommunisten werden pauschal an den Pranger gestellt, weil sie die *Armia Krajowa* nicht unterstützt haben; die Westalliierten sieht man positiv, weil sie Nachschub geliefert haben – ein riesiger B-24 »Liberator«-Bomber ist zu besichtigen. Und die Deutschen? Sie wurden in den Keller verbannt, weil man anfangs nicht an eine Integration der Täter ins Gesamtkonzept gedacht hatte.

Ein beeindruckender Internetauftritt bietet didaktische Angebote, die weit über das hinausgehen, was in Deutschland üblich ist: Beispielsweise sind umfassende Interviews mit Überlebenden abrufbar und thematisch aufgearbeitet, sodass sie etwa im Schulunterricht genutzt werden können. Eine umfassende Bildungsarbeit mit vielen gut besuchten Veranstaltungen gehört ebenfalls dazu. Außerdem finden regelmäßig Treffen mit noch lebenden Aufständischen statt. All das sorgt für eine enge Verbindung mit der Stadtgesellschaft, die das parteiübergreifend geschätzte Museum zu einem Leuchtturm des modernen Warschau macht.

Der Aufstand war damit auch baulich prominent im Zentrum des staatlichen Gedenkens angekommen. Was zunächst viel der nachholenden Erinnerung und Würdigung der Veteraninnen und Veteranen diente, wird inzwischen mehr und mehr für eine gesamtstaatlich normierte Geschichtspolitik genutzt. Dahinter steht nicht zuletzt das Bedürfnis, Anerkennung für die eigenen Opfer zu finden, die außerhalb des eigenen Landes kaum wahrgenommen werden. Das gilt besonders für Deutschland, wo die Holocausterinnerung dominiert und kaum Bewusstsein für und Wissen um die Verbrechen an anderen Bevölkerungsgruppen vorhanden ist.

Gerade die außenpolitische Komponente der Vergangenheitspolitik lässt die Toten des Aufstands mehr in den Vordergrund treten: Das Massaker von Wola erfuhr seine erste prominente Anerkennung in einer Ausstellung im dortigen Stadtteilmuseum vor gut zehn Jahren. In überarbeiteter Form wurde diese im Sommer 2023 im Pilecki-Institut am Pariser Platz in Berlin gezeigt, das als Exponent polnischer historischer Außenpolitik besonders aktiv ist. Unverkennbar geht es dabei in Polen auch um die Anerkennung als Opfer eines Genozids – auf einer Ebene mit dem Holocaust. In diesem Sinne lässt Polen seit Anfang der 2010er Jahre landesweit an jedem 1. August um 17 Uhr die Alarmsirenen ertönen – mit der Idee des Innehaltens, ja Stillstands im Alltag. Vorbild dafür ist die Praxis am israelischen Shoah-Gedenktag.

Und weil sich seit einigen Jahren der politische Diskurs in unserem Nachbarland nach rechts verschoben hat, erfahren sogar offen antisemitische Widerstandsgruppen des Zweiten Weltkriegs einige Anerkennung. So gehören die Nationalen Streitkräfte, die vielfach Jüdinnen und Juden ermordeten, inzwischen zum Gedenkkanon im Rahmenprogramm der Erinnerung an Warschau 1944, denn auch von ihnen nahmen kleinere Einheiten an den Kämpfen teil. Die kommunistische *Armia Ludowa*, die einen deutlich größeren Anteil daran hatte, ist im

Gegensatz dazu einer *damnatio memoriae* anheimgefallen, die gewissermaßen das Gegenstück zur entsprechenden Propaganda aus volksrepublikanischer Zeit darstellt.

Zuletzt ist der Aufstand verstärkt zum Symbol für die ewige Feindschaft zu Russland geworden – hier gleichgesetzt mit der Sowjetunion. Öffentliche Debatten drehten sich darum, ob die *Armia Krajowa* nicht einen letztendlich naiven Fehler gemacht habe, als sie am 1. August zum offenen Kampf aufrief – obwohl doch eigentlich offensichtlich hätte sein müssen, dass die Deutschen geschlagen waren und der eigentliche Gegner die heranrückende Rote Armee war.

Freilich bleiben all diese staatlich vielfach geförderten Entwicklungen nicht unwidersprochen. Anders als heute in Deutschland meist der Fall, ist Geschichte in Polen Gegenstand emotionaler öffentlicher Debatten mit großer Breitenwirksamkeit, denn es gibt dort sehr wohl eine kritische Erinnerung. In Deutschland findet diese in Gedenkstätten statt, deren Inhalte zwar geschätzt werden, die aber nur selten Anlass für eine persönliche oder familiäre Auseinandersetzung mit der Vergangenheit sind.

Das ist in Polen anders. Dort hat im Grunde jede Familie im Zweiten Weltkrieg gelitten, musste Deportation, Verfolgung oder gar Tote beklagen. Was die deutsche Besatzung bedeutete, zeigt der Warschauer Aufstand wie unter einem Brennglas. Krzysztof Kamil Baczyński, jener in den Kämpfen 1944 gefallene Poet der »verlorenen Generation«, hat es in seinem Gedicht »Miserere« bereits vorweggenommen:

»Oto stoimy nad ziemią tragiczną.
Pobojowisko dymi odwarem strzaskanych wspomnień i snów.
Lepkimi krwią pytaniami
zdejmujemy hełmy przyrosłe do głów.
Głowy — czerwone róże przypniemy hełmom pokoleń.«

»Da stehn wir über der tragischen Erde.
Das Schlachtfeld raucht vom Absud zerschlagener Taten und Träume.
Mit blutverkrusteten Fragen nehmen wir ab die Helme, die uns an
die Köpfe gewachsen.
Die Köpfe, rote Rosen, heften wir an die Helme von Generationen.«
(Übersetzung: Karl Dedecius)

Anhang

Zeittafel

1939

23. August	Im deutsch-sowjetischen Nichtangriffspakt (Hitler-Stalin-Pakt) einigen sich Hitler und Stalin über die Aufteilung Polens.
1. September	Deutschland greift Polen an und beginnt den Zweiten Weltkrieg.
17. September	Die Sowjetunion greift Polen von Osten an.
28. September	Teilkapitulation der eingeschlossenen Hauptstadt Warschau
29. September	Władysław Raczkiewicz wird Präsident der polnischen Exilregierung, Władysław Sikorski Ministerpräsident und Oberbefehlshaber der Streitkräfte.
6. Oktober	Ende der letzten Kriegshandlungen; es kommt nicht zu einer formalen Kapitulation.
13. November	Im besetzten Polen wird der *Związek Walki Zbrojnej* (Vereinigung für bewaffneten Kampf) als Untergrundorganisation gegründet.

1942

14. Februar	Der *Związek Walki Zbrojnej* wird in *Armia Krajowa* (AK, Heimatarmee) umbenannt.
22. Juli – 21. September	»Große Aktion« im Warschauer Ghetto: ca. 265 000 Menschen werden ins Vernichtungslager Treblinka deportiert.

1943

19. April – 16. Mai	Aufstand im Warschauer Ghetto
30. Juni	Die Gestapo verhaftet Stefan »Grot« Rowecki, den Kommandeur der AK; sein Nachfolger wird Tadeusz »Bór« Komorowski.

4. Juli — Der Oberbefehlshaber der polnischen Exilstreitkräfte und Exil-Ministerpräsident, Władysław Sikorski, stirbt bei einem Flugzeugabsturz; seine Nachfolger werden Stanisław Mikołajczyk als Premier und Kazimierz Sosnkowski als Oberkommandierender.

20. November — Komorowski legt erste Pläne für die Aktion »Burza« (›Sturm‹) vor, die auf eine Selbstbefreiung Polens abzielen.

1944

1. Februar — Die AK verübt ein erfolgreiches Attentat auf den Warschauer SS- und Polizeiführer Franz Kutschera.

22. Juni – 20. August — Die »Operation Bagration« führt zum Zusammenbruch der Heeresgruppe Mitte; die Rote Armee stößt vom östlichen Belarus bis an die Weichsel vor.

6.–13. Juli — Die AK versucht erfolglos, die Stadt Wilna zu befreien; diese wird von der Roten Armee erobert.

21. Juli — Komorowski befiehlt der AK in Warschau, ab dem 25. Juli bereit für einen Aufstand zu sein.

31. Juli — Komorowski befiehlt den Aufstand für den nächsten Tag.

1. August — Beginn des Warschauer Aufstands

1.–4. August — In der Panzerschlacht vor Warschau gelingt der Wehrmacht letztmalig eine Einkesselung der Roten Armee; deren Vormarsch nach Westen ist unterbrochen.

5.–7. August — Der Höhere SS- und Polizeiführer Heinz Reinefarth setzt seine Truppen im Warschauer Stadtteil Wola ein, das sogenannte Massaker von Wola.

20. August — Die AK erobert das PAST-Hochhaus im Zentrum von Warschau.

2. September — Die Deutschen erobern die Warschauer Altstadt zurück.

7. September — Aus Berlin ergeht Weisung, AK-Angehörige als reguläre Kriegsgefangene zu behandeln.

8./9. September — Ein erstmaliger Waffenstillstand erlaubt die Flucht von Zivilistinnen und Zivilisten aus Warschau.

13. September Die Rote Armee erreicht das östliche Weichselufer in Warschau.
16.–23. September Mehrere Landungsversuche polnischer Einheiten der Roten Armee auf dem westlichen Weichselufer in Warschau scheitern.
18./19. September »Frantic 7«. Amerikanische Bomber werfen Ausrüstung für die Aufständischen über Warschau ab.
24. September Die Deutschen kontrollieren den Stadtteil Czerniaków am westlichen Weichselufer.
27. September Kapitulation der Aufständischen im Stadtteil Mokotów
30. September Kapitulation der Aufständischen im Stadtteil Żoliborz
2. Oktober Kapitulation aller Streitkräfte der *Armia Krajowa* in Warschau

1945

17. Januar Die Rote Armee erobert Warschau.
8. Mai Deutsche Kapitulation – der Zweite Weltkrieg endet in Europa.
6. Juli Die Westalliierten entziehen der polnischen Exilregierung die Anerkennung; sie erkennen nur noch die kommunistische Regierung in Warschau an.

1989

1. August Das Denkmal des Warschauer Aufstands auf dem Krasińskich-Platz in Warschau wird enthüllt.

2004

31. Juli Das Museum des Warschauer Aufstands (*Muzeum Powstania Warszawskiego*) wird eröffnet.

Literaturhinweise

Baczyński, Krzysztof Kamil: Miserere. In: Karl Dedecius (Hrsg.): Panorama der polnischen Literatur des 20. Jahrhunderts. Poesie. Bd. 1. Zürich 1996.

Biskupska, Jadwiga: Survivors. Warsaw under Nazi Occupation. Cambridge 2022.

Bömelburg, Hans-Jürgen / Król, Eugeniusz Cezary / Thomae, Michael (Hrsg.): Der Warschauer Aufstand 1944. Ereignis und Wahrnehmung in Polen und Deutschland. Paderborn u. a. 2011.

Borodziej, Włodzimierz: Der Warschauer Aufstand 1944. Frankfurt 2001.

Brewing, Daniel: Im Schatten von Auschwitz. Deutsche Massaker an polnischen Zivilisten 1939–1945. Darmstadt 2015.

Chiari, Bernhard (Hrsg.): Die polnische Heimatarmee. Geschichte und Mythos der Armia Krajowa seit dem Zweiten Weltkrieg. München 2003.

Davies, Norman: Aufstand der Verlorenen. Der Kampf um Warschau 1944. München 2004.

Gursztyn, Piotr: Der vergessene Völkermord. Das Massaker von Wola in Warschau 1944. Berlin 2019.

Haslinger, Peter / Bamberger-Stemmann, Sabine / Tönsmeyer, Tatjana (Hrsg.): Auf beiden Seiten der Barrikade. Fotografie und Kriegsberichterstattung im Warschauer Aufstand 1944. Marburg/Hamburg 2017.

Ingrao, Christian: The SS Dirlewanger Brigade. The History of the Black Hunters. New York 2011.

Kopka, Bogusław: Das KZ Warschau. Geschichte und Nachwirkungen. Warschau 2010.

Krannhals, Hanns von: Der Warschauer Aufstand 1944. Frankfurt a. M. 1962.

Krzemiński, Adam: Warschauer Aufstand. Ruinen der Festung. In: Hans-Henning Hahn (Hrsg.): Deutsch-polnische Erinnerungsorte. Bd. 2: Geteilt, gemeinsam. Paderborn u. a. 2014. S. 661–694.

Lehnstaedt, Stephan: Okkupation im Osten. Besatzeralltag in Warschau und Minsk 1939 – 1944. München 2010.

Lewandowska, Stanisława / Martin, Bernd (Hrsg.): Der Warschauer Aufstand 1944. Warschau 1999.

Nörenberg, Agata: Instrumentalisierte Erinnerung. Zur Geschichte von Legitimationspraktiken in Polen und Exil am Beispiel des Erinnerungsdiskurses um den Warschauer Aufstand seit 1945. Phil. Diss. Konstanz 2019.

Richie, Alexandra: Warsaw 1944. The fateful Uprising. London 2013.

Ukielski, Paweł (Hrsg.): Der Warschauer Aufstand 1944. Warschau 2014.

Abbildungsnachweis

Alamy: 23 The History Collection/Alamy Stock Photo

Archiwum Państwowe w Przemyślu: 111.1 56/877/0/-/1504

Bundesarchiv Bild: 11 Bild 146-1977-035-35; 14 N 1576 Bild-003; 67 Bild 101I-695-0412-01; 87 Bild 101I-695-0411-02A; 90 Bild 183-R97906; 94/95 Bild 101I-695-0423-20; 97 Bild 183-S73507; 100 Bild 101I-695-0411-04A; 115 Bild 146-2005-0038; 116 Bild 146-1994-054-30; 120 Bild 146-2022-0024; 123 Bild 101I-695-0412-10; 127 Bild 146-2022-0026; 132 Bild 146-2005-0039

Bpk Bildagentur: 28 Joe Heydecker; 34/35 Bayerische Staatsbibliothek/Archiv Heinrich Hoffmann; 114; 119; 121.1 National Portrait Gallery, London/ Bassano; 128 Benno Wundshammer; 135

Stephan Lehnstaedt: 144; 145

Muzeum Powstanja Warszawskiego: 9 MPW-IN/3576 Juliusz Bogdan Deczkowski; 53 MPW-IP/1257 Mieczysław Bil-Bilażewski; 57 MPW-IN/7 Eugeniusz Lokajski; 58 MPW-IN/407 Eugeniusz Lokajski; 60 MPW-IN/3727 Czesław Gerwel; 61 MPW-IS/9 Stefan Bałuk; 62 MPW-IN/371 Eugeniusz Lokajski; 64 MPW-IN/131 Eugeniusz Lokajski; 72 MPW-IN/2941 Eugeniusz Haneman; 75 MPW-IN/308 Eugeniusz Lokajski; 77 MPW-IN/824 Eugeniusz Lokajski; 79 MPW-IH/2240 Jerzy Chojnacki; 80 MPW-IP/929 Joachim Joachimczyk; 82 MPW-IN/709 Eugeniusz Lokajski; 85 MPW-IN/12281 Tadeusz Bukowski; 91 MPW-IP/859 Joachim Joachimczyk; 92/93 MPW-IH/226 Eugeniusz Lokajski; 99 MPW-IN/3242 Wiesław Chrzanowski; 102 MPW-IN/2958 Eugeniusz Haneman; 103 MPW-IP/1018 Joachim Joachimczyk; 106 MPW-IN/597 Eugeniusz Lokajski; 107 MPW-IN/673 Eugeniusz Lokajski; 108 MPW-IK/1657 Joachim Joachimczyk; 122 MPW-IN/863 Andrzej Bargiełowski; 131 MPW-IN/3350 Wiesław Chrzanowski

Muzeum Treblinka: 83 Willenberg

Narodowe Archiwum Cyfrowe: 47 3/107/0/4/381; 49 3/18/0/-/236-183065; 50 3/1/0/6/2703-253981

picture alliance: 84; 126 EPA-EFE/Wojciech Olkusnik; 133 EPA-EFE/Albert Zawada; 142 dpa/Carsten Rehder

DER SPIEGEL 2/1959: 139

Süddeutsche Zeitung Photo: 24 Forum; 45; 121.2; 136 Aldiami; 141 Stefan Boness/IPON; 147 Schoening/imageBROKER

United States Holocaust Memorial Museum: 15 Gift of Bildungswerk Stanislaw-Hantz; 18 2003.121/Simon Adelman

Wikipedia: 7 https://commons.wikimedia.org/wiki/File:Warsaw_Uprising_by_Deczkowki_-_Wacek_Platoon_-_15897.jpg; 8 https://commons.wikimedia.org/wiki/File:Gesiowka.jpg; 16/17 https://commons.wikimedia.org/wiki/File:Chod%C5%BAmy_na_roboty_rolne_do_Niemiec.jpg; 29 https://commons.wikimedia.org/wiki/Category:Stefan_Rowecki?uselang=de#/media/File:Stefan_Rowecki_-_1930s.jpg; 36 https://commons.wikimedia.org/wiki/Category:Tadeusz_B%C3%B3r-Komorowski?uselang=de#/media/File:Komorowski_-_Kennkarta.jpg; 39 https://commons.wikimedia.org/wiki/File:Franz_Kutschera_funeral_Warsaw_1944.jpg?uselang=de; 41 https://commons.wikimedia.org/wiki/File:19440712_soviet_and_ak_soldiers_vilnius.jpg; 51 https://commons.wikimedia.org/wiki/File:PKWN_Manifest.jpg; 63 https://commons.wikimedia.org/wiki/File:Muzeum_Powstania_Warszawskiego_01.JPG; 111.2 https://commons.wikimedia.org/wiki/File:-Wyzwolenie_Pragi_wrzesie%C5%84_1944.jpg
(Abrufdatum: 27. Februar 2024)

Personenregister